What Landing a Man on the Moon
Teaches Us About Collaboration, Creativity,
and the Mind-set for Success

MOONSHOT

平凡人也能一步登「天」的致勝科學

RICHARD WISEMAN
李察·韋斯曼 著　洪慧芳 譯

目錄

・推薦序・見樹也見林的團隊成功心法——蔡宇哲 6
・推薦序・信心讓許願成真——龐文真 9
・推薦序・生命是為了影響更多的生命——蘇仰志 12
・大事年表 18
⊙ 起飛 20
① **「我們選擇登上月球……」** 25
瞭解全美上下是如何愛上登月任務；如何運用熱情的力量。
② **「約翰，奏效了！」** 55
認識那個以巧妙計畫達成任務的創新工程師；
學習如何創造出奇制勝的妙方。
③ **「我們不知道這是不可能的。」** 85
認識那個對一群年輕人寄予厚望的賢能領導者；
發現相信自己的效益。

④ **把逆勢當成登天的階梯** 115
瞭解悲劇如何迫使大家自我檢討；
學習如何從失敗中記取教訓。

⑤ **「這不會因為我而失敗。」** 143
瞭解那句確保全球最大火箭順利升空的口訣；
學習如何培養提升自我的態度。

⑥ **「只要有心上月球，遲早會上去。」** 177
放膽投入未知的登月任務，
學習如何找到即刻行動、不再光說不練的勇氣。

⑦ **當機立斷者** 209
瞭解在分秒必爭的關頭，當機立斷如何拯救歷史性的登月任務；
學習為突發事件做好準備。

⑧ **艾德林和消失的開關** 245
瞭解太空人如何臨機應變，順利返航；
學習如何安度意外狀況。

⊙ 任務完成 273

· 謝辭 283

· 附錄——太空人挑戰 286
——注釋 288
——參考書目 302

只要有心上月球，遲早會上去。

——NASA 飛行主任葛林·倫尼（Glynn Lunney）

見樹也見林的團隊成功心法

蔡宇哲—「哇賽！心理學」創辦者兼總編輯

如何帶領團隊完成一件事，這說來容易但實際執行卻是千難萬難。市面上的商管、心理書籍中也有不少探討團隊致勝方法的，不過常會著墨於企業、組織的個案討論，雖能從大局觀之，卻難以知道隨著時代的演變是否也同樣適用，難免有種「見林不見樹」的感覺。另一種則是由個人內心出發，以紮實的理論與研究成果來推敲如何從推動個人開始，進而讓團體齊心協力完成不可能的任務。但這又會有「見樹不見林」的遺憾，難以確知從科學所獲得的成果是否真能用在複雜的群體上。

《平凡人也能一步登「天」的致勝科學》這本書很吸引我的地方有三點，首先，主軸是全球皆知的「登月計畫」，不會讓讀者搞不懂這團隊在做什麼；其次，作者並不是自己看報紙瞎猜，而是有實際訪談計畫相關人員，瞭解整體的情況後，再從中歸納出幾個關鍵因子。再針對這些重要因素佐以心理科學的實驗結果，讓讀者可以瞭解這確實是普遍存在每個人的現象，並已有可實際應用的方法。作者的書寫方式克服了這類書籍常見的問題，可說是「見樹也見林」的團隊成功心法。

作者將完成一件大事的過程心法，歸納出八大原則，每一則都有確切的科學研究可以支持。在閱讀時會不自覺地聯想到自己過往的成功或失敗經驗，發現有不少與書中所提可以相印證之處。像是這幾年我與多位大學生一起做了些特別的挑戰，包含經營臉書粉絲專頁、出書、結合心理學知識的密室逃脫與實境遊戲等，不少同仁都很訝異怎麼能做到這些。但其實我做的並不多，大部分都是由學生自行完成的，我只是一直鼓勵他們而已。而看到書中第一個原則時，我就頓悟了，原來就是「熱情」的力量啊，當你點燃了學生的熱情後，他們就會有讓人出乎意外的好表現。

另一個很重要的成功因素，在於不怕失敗、能夠從挫折當中成長。「凡殺不死我的，必將使我更強大。」這樣的名言聽起來很有感，實際上卻是很多人一殺就倒了，要怎麼樣才不會被殺死呢？書中也提到很重要的關鍵，就是成長型心態，而這種心態的養成是需要日積月累的。我在講座時很常問參與者一件事：「如果孩子或員工完成了一個任務，你會對他說什麼呢？」過往的經驗通常是讓人要稱讚他一下，但重要的是怎麼稱讚？從許多研究裡就知道，不能只是說「你很棒」、「你很好」，如此簡單地稱讚他個人，而是要針對他的努力過程，說「謝謝你的努力」、「因為有你的用心投入所以才有這樣的成果」。這麼簡單的一點差異，就會造成孩子跟學員的心態有很大的差異：關注過程與努力，有助於養成成長型思維；關注結果與個人，則容易養成固定型思維。

熱情、創新、信心、成長型思維（不怕失敗）、當責、勇氣、準備、靈活，這八項原則就是作者歸納出來團隊成功的祕訣。閱讀時很像是參與登月計畫的開始與執行一樣，看到了團隊在進行一個不可能的任務時會遭遇的問題，以及當時之所以解決的重要關鍵。每一項原則都有畫龍點睛般的效果，可以很清楚地瞭解計畫之所以成功的原因。

登月計畫肯定是人類太空探索的歷史時刻，這本書可以讓你瞭解這個人類科技史的里程碑外，更能深入了解到當中所經歷過的心理要訣。看完這本書你會更清楚自己之所以可以完成艱難任務的重要因素，讓這個原則可以深刻在腦海裡，往後能夠更加無往不利。

信心讓許願成真

龐文真｜Readmoo讀墨電子書執行長

燒了四年，第一輪募資即將用盡。雖然讀者數和營業額持續上升，但**虧損沒有盡頭**。第五年，如果沒有新方法和新的資金，是不是就要結束？

從每年的閱讀報告來看，晚上八點之後到凌晨一點是閱讀高峰。很多讀者來信說，很喜歡我們Readmoo電子書服務，但手機和平板看得眼睛好痛，可不可以推出E Ink閱讀器？

最後，圍坐在會議室的團隊，大家有了共識，目標就是推出閱讀器。一個純軟體的網路公司，開始做硬體，這可以嗎？這可行嗎？我們做得到嗎？

活下去的新方法：**讓讀者的許願成真**。我們決定一年之內，一定要推出閱讀器，實現讀者的夢想。「不是因為這些事輕而易舉，而是因為困難重重，因為那個目標有助於我們動員最大的力量與最卓越的技術。」我們要把遲疑變成行動，而且這是一場全公司志在必得的挑戰行動。完完全全需要大家同舟共濟，一齊前行。

目標宣告之後，團隊人人派有工作。痛苦，有人下車。拮据，有人離開。沒有資金？我們集資。最低下量怎辦？用前所未有的木紋版閱讀器來行銷，以達標。

晚上八點，集資網頁上線。三小時後，我們達標。團隊成員全在電腦螢幕前歡呼。

最終，我們完成任務。而且超越我們原先預估所有數字。mooInk 閱讀器，第三季順利出貨。

以上是 Readmoo 讀墨二〇一七年轉捩點的簡略經過，之後我們推出 mooInk Plus、mooInk Pro，也都受到國內讀者歡迎。當我閱讀這本《平凡人也能一步登「天」的致勝科學》時，突然有種當年心境的 Déjà vu（似曾相識）。用心理學來分析，我們的心路歷程與美國一九六九年登月任務的團隊相類似。是的，想要成功，就要有**強心志**。要**從錯中學**，也要**不怕被檢討**（雖然在網路上被網友酸來酸去，真的很痛苦）。

做事目標要有死線。那死線要讓團隊願意達成，讓團隊一步步習慣難度，最後終至成功。那目標不是無腦誇大的業績數字，而是更深的目的，是讀者心願，是讀者的期待。團隊也許需要喘息，因為總有錯事發生，轉個彎，終完成任務。

這本書以登月歷史故事，帶出人性心理學（很聰明的手段，讀歷史也弄懂心理勵志）。如果沒那麼喜歡心靈雞湯的勵志分析，那好看的登月歷史故事篇章，絕對可以滿足心中的獵奇。看到甘迺迪登月演講影響一位老是被當的大學足球員轉而發憤念電機……許多以前從不知道的描述，激勵得讓我直起雞皮疙瘩，如同身歷那場演講。

一個沒有人知道可不可能完成的目標，**只有靠熱情和信心**才能達成。我信。因為Readmoo讀墨一直以來，也就是團隊所有人**對閱讀**滿滿熱情和信心才能逆勢創造奇蹟。

推薦序

生命是為了影響更多的生命

蘇仰志－雜學校創辦人

做為一個創業六次失敗還瘋狂追夢的大叔，自然有很多勵志的書找我推薦。然而市面上琳瑯滿目的勵志書裡，多是以個人非凡成就的故事為主軸，很少有以一個時代的成就為基礎，而對象是一群平凡的年輕人，用科學的方式梳理出背後隱藏獨特的關鍵心理樣態，除了可以很實用地將這些原則用在生活裡，更可以用一種更有效的行動思維，去處理當下急需各種社會創新的時代趨勢，而這也是我會推薦這本書的最重要原因。

分享前陣子聽到了一段關於猶太人如何成為最優秀的民族的有趣段子：

有一個記者問了四個不同民族的人：「抱歉，我想知道你對肉類短缺的看法？」

俄國人說：「什麼是肉類？」

美國人說：「什麼是短缺？」

中國人說：「什麼是看法？」

而猶太人則說：「為什麼要抱歉？」

這段子雖有著很大的偏見，但讓我從猶太人的文化中深深領悟到，我們在受教育的過程中，其實最大的問題就是：「不相信。」我們努力學習著通往夢想道路上的所有技能與知識，但其實我們很少相信自己，內心甚至根本不相信這夢想是可以真的達成。就像對許多人來說，當時甘迺迪的夢想看似不可能實現。然而，當他堅定地相信一件事，就能發揮影響力，然後成千上萬人因為這樣聚在一起努力，驅動發明了各種新科技，一同克服了挫折和悲劇，以數百萬個訂製的零組件打造出太空船，實現人類登月那個不可能的夢想。如何讓自己真的相信一件事，是這本書最迷人的所在，也是我們這輩子最重要的功課。

另外，我也特別喜歡本書描述如何善用熱情的威力，因為這印證了雜學校正在做的事情，我們始終相信，一個人的勇敢會啟發更多人一起勇敢，個人意識的擴善就能集結眾人之力改變認知中那些所謂「不可能的事」。當每個人都能找到自己生命中的熱情，因為相信而持續行動，這世界就會因為你的存在而變得更好，人的一生才會真的具有意義，因為「生命是為了影響更多的生命」。

我們決定在十年內登上月球及實現其他的夢想，
不是因為這些事輕而易舉，而是因為困難重重，
因為那個目標有助於我們動員最大的力量與最卓越的技術，
衡量自己的能耐，
因為那是我們樂於接受的挑戰、
不願推遲的挑戰、志在必得的挑戰。
——美國總統甘迺迪，一九六二年九月

大事年表

1957年10月 蘇聯發射人造衛星史普尼克1號（Sputnik）。

1957年11月 史普尼克2號把小狗萊卡送入太空。

1961年4月 蘇聯太空人尤里・加加林（Yuri Gagarin）繞地球軌道運行。

1961年5月 艾倫・雪帕德（Alan Shepard）成為第一位進入太空的美國人。

1961年5月 甘迺迪向國會宣布，美國將在十年內把人送上月球。

1962年 9月

甘迺迪在萊斯大學發表「登月計畫」演講。

1967年 1月

阿波羅1號任務失敗，導致三名太空人喪生。

1968年 12月

阿波羅8號完成第一個載人登月任務。

1969年 7月 16日

阿波羅11號的太空人尼爾·阿姆斯壯（Neil Armstrong）、伯茲·艾德林（Buzz Aldrin）和麥可·柯林斯（Michael Collins）啟動歷史性的登月之旅。

1969年 7月 21日

阿姆斯壯踏上月球表面，宣稱：「這是我個人的一小步，人類的一大步。」

1969年 7月 24日

阿波羅11號安全地降落在太平洋上，實現了甘迺迪的驚人目標，在十年內送人類上月球漫步並安全返抵地球。

起飛

打開任一本關於如何實現目標和抱負的書，很快就會看到天賦異稟的奧運選手、精明務實的執行長、冒險進取的企業家等非凡人物的故事。這本書針對成功提出一種截然不同的觀點，它是以一群平凡的年輕人為基礎，他們的勵志故事鮮為人知，但他們在人類的偉大成就中扮演了關鍵要角。也許最重要的是，一旦你瞭解他們是怎麼辦到的，你也可以仿效他們，在人生中創造非凡成就。

身為心理學家，我的職涯大多是在研究為什麼有些人或組織特別成功。幾年前，我對登月任務產生興趣，並驚訝地發現，儘管登月任務採用的技術已有極其詳盡的紀錄，但很少人研究分析這個非凡成就背後的心理[1]。我開始深入探索，發現了幾個大驚喜。

一九六九年七月二十一日，阿波羅計畫的太空人阿姆斯壯輕輕地踏上月球表面。這件名留青史的大事透過實況轉播，傳回地球，逾五億人驚奇地見證了歷史。不到八年前，甘迺迪總統在美國國會的面前，發表知名的宣言：十年內美國將把人類送上月球。如今回顧過往，實在難以充分理解那個目標在當時有多麼巨大。

甘迺迪發表那番歷史性的宣言時，美國只設法送過一位太空人到地球的次軌道上飛行而已，而且整個航程從起飛到降落僅持續十五分鐘。甘迺迪的大膽遠見需要數名太空人在太空中飛行約三十八萬公里，並降落在一個遙遠又危險的星球上，之後再平安地返抵家園。即便是現代的太空旅行也相形見絀，因為搭太空梭到國際太空站（International Space Station）只是離地球表面約三百七十公里的航程。此外，甘迺迪的目標必須在幾年內達成，而且當時的最新尖端科技仍使用計算尺，以及運算力遠不及現代智慧型手機的大型電腦。

對許多人來說，甘迺迪的夢想看似不可能實現。然而，成千上萬人聚在一起努力，試圖實現那個夢想。他們發明了新科技，克服了挫折和悲劇，以數百萬個訂製的零組件打造出太空船。儘管困難重重，成功機率極其渺茫，登月計畫卻出乎意料地成功了，並為世界帶來了前所未有的樂觀和希望。

一提起阿波羅登月計畫，多數人的腦中馬上浮現穿白色制服的太空人小心翼翼地在月球表面漫步的畫面。雖然這些英勇的太空人顯然對阿波羅任務的成功至關重要，但他們絕非整個計畫的全貌。你看任何有關登月的紀錄片，都會很快看到任務控制中心（Mission Control）的畫面——一個巨大的房間裡擺滿了控制台、巨大的螢幕，還有許多人戴著耳機。這個令人印象深刻的場面是太空計畫的核心。這些任務控制員從來不穿太空服，也不曾涉足遙遠的太空。他們只穿日常的衣服，腳踏實地在幕後工作，他們往往身處於大眾看不見的地方。然而，他們卻是整個冒險計畫的成功關鍵。

試想，你活在一九六〇年代的初期，肩負起十年內把人類送上月球的重任。全世界都拭目以待，這個國家的聲譽就靠你來維繫了，你會為任務控制中心招募什麼樣的人才？也許你會挑選經驗豐富的科學家和工程師，或是從名校畢業的精英。然而，令人驚訝的是，任務控制中心裡的人幾乎都不具備這些屬性。他們的背景普通，大多是出身勞動階級，而且通常是家裡第一個上大學的人。或許最令人驚訝的是，他們都出奇得年輕。事實上，阿姆斯壯踏上月球時，任務控制中心的成員平均年齡僅二十六歲。整個團隊幾乎都不具備我們心中認定的那些成功特質，但他們不知怎地，卻設法完成了看似不可能的任務。

我想從心理學的角度去瞭解，任務控制中心為什麼能夠變成如此卓越的成功孕育場所。我有幸採訪了幾位關鍵的控制員，他們如今已屆七、八十歲的高齡，每一位都很大方地撥冗與我分享他們的想法。這些受訪者親眼目睹了歷史的發展，有很多精彩的故事可以分享，他們也相當幽默風趣。例如，某次採訪中，我問一名控制員，據傳他們受過一種溝通訓練，要求他們盡量以最少的用字溝通。我問他這個傳言是不是真的，他沉吟半晌，只回我一個字：「對。」

後來我發現，他們的驚人成就是源自於一種獨特的心態。我把訪談、任務檔案、學術研究結合起來，歸納出八大原則。我覺得那八大原則正是開創卓越人生之道的方法。你即將瞭解甘迺迪的夢想是如何實現的，過程中，你將重溫歷史事件，接觸到一群成就非凡的平凡人物，看到一些關鍵的心理原理發揮效用，例如甘迺迪總統的魅力演說如何為成功播下種子，悲觀主義如何驅動進步，恐懼和悲劇如何轉化為希望和樂觀。

或許最重要的是，你在過程中會發現一系列實用的技巧，你可以把那些致勝的原則融入職涯及個人生活中。無論你是想要創業、轉職、尋覓完美伴侶、打造幸福家庭、升遷、獲得新資格、脫離激烈競爭，還是追求終身志業，這些技巧都可以幫你實現夢想。

1.

「我們選擇登上月球……」

瞭解全美上下是如何愛上登月任務；
如何運用熱情的力量。

一九五七年十月，美國ＣＢＳ電視公司播出後來變成經典影集的《天才小麻煩》（*Leave it to Beaver*）第一集。那個影集頌揚一九五〇年代的美國家庭生活，是由暱稱「小畢」的八歲希爾多．克萊佛（Theodore Cleaver）擔綱演出，劇情環繞著他調皮搗蛋的事蹟。

那齣影集的播出並不容易。起初，製作人希望第一集是以小畢訂購一隻寵物鱷魚開場，劇情描述他把新寵物藏在父母浴室的馬桶水箱裡。然而，當時電視節目的播放原則建議，螢幕上不要出現浴室和馬桶的畫面。所以，ＣＢＳ電視台的負責人對第一集的播出感到緊張。經過激烈的爭論後，製作人提議重新剪接鱷魚那一集，只放入幾個礙眼的馬桶畫面。豈料，剪輯的時間比預期還長，所以電視台被迫播出另一版的第一集。

當時，數百萬名美國觀眾根本不知道這個爭議所在，一九五七年十月四日週五下班後，他們觀賞那個影集的首播，笑看著小畢深信自己即將遭到退學，躲到樹上。後來，他送一顆塑膠的娃娃頭向老師道歉，整個劇情看起來是無傷大雅的玩笑。事實上，整齣戲呈現出平安盛世的世界觀。但幾天後，這種世界觀就遭到摧毀了。

在《天才小麻煩》首播前的幾個小時，一些美國人注意到空中有一個小光球迅速地移動。約莫同一時間，業餘的無線電愛好者開始聽到一系列奇怪的嗶嗶聲。這些怪事的消息迅速傳開，不到幾天，大眾開始擔心了起來。許多人認為那些奇怪的景象和聲音是一種新型流星造成的，有些人認為那是外星人即將入侵的徵兆，還有一些人把一切歸因於幻覺和歇斯底里。事實上，真相遠比那些臆測還要麻煩。

當天早些時候，蘇聯把第一個人造衛星送上環繞地球的軌道。史普尼克1號（Sputnik）約莫籃球那麼大，重約八十公斤，以時數二萬九千公里的驚人速度，在離地表約八百公里的上空飛行，環繞地球一圈約九十分鐘，每天都會飛過美國好幾次。蘇聯非常希望這個高科技的太空球體可以嚇壞美國，所以他們把史普尼克1號設計成非常光滑的球體，讓它盡可能地反射大量的日光，以便地球表面就能看到它在天上的蹤影。為了製造更多的神祕感，蘇聯在發射人造衛星幾天後，才發布那顆銀色衛星的照片。

蘇聯的計畫非常成功，美國確實因此慌了陣腳，各界的質疑蜂擁而至。一個極權政體如何在智識上超越全球最強大的民主國家？那顆球體高掛在空中監視，美國政府的機密會不會遭到破解？用來發射人造衛星的火箭能不能用來發射核彈？冷戰的緊繃氣氛頓時飆到新高，太空競賽就此展開。

從心理學的角度來看，人造衛星是個很有意思的東西。你只要跟經歷過那段危機的人交談，他們很快就會談到那個嗶嗶叫的小東西所帶來的恐懼感。突然間，他們的未來似乎變得深不可測，也不穩定了。絕望之下，他們因此對總統寄予厚望，希望強人領導能夠穩定民心，偏偏事與願違。

應對危機的錯誤做法

史普尼克1號發射的當天，一早艾森豪總統就離開華盛頓特區，去度假、打高爾夫球了。五天後，他才針對那個神祕的球體召開記者會[1]。當他終於出現在記者的面前時，他刻意輕描淡寫那個威脅，並呼籲大家保持冷靜。於是，政客開始擔心美國總統與現實狀況脫節，一位參議員要求總統帶種一點，宣布那週是「國恥週及國難週」。密西根州的州長傑拉德·曼能·威廉斯（Gerhard Mennen Williams）甚至投書《紐約時報》，以一首嘲諷詩來批評艾森豪：

史普尼克1號[2]

哦，小小衛星飛高高
你以蘇聯製的嗶嗶聲告訴全世界
這是老共的天空，山姆大叔睡著了

你說，在高爾夫球道及長草區
蘇聯啥事都知瞭

希望我們的高爾夫球手知道得夠多
趕緊急起直追

幾天後，《天才小麻煩》播出第二集，內容是講那隻寵物鱷魚。這部影集成了美國電視史上第一個在螢幕上播放馬桶畫面的全國性電視節目。遺憾的是，人造衛星掀起的爭論掩蓋了這個電視史上的里程碑。當時那個引發熱議的人造球體幾乎已經影響了社會的各個層面。有調酒師調出人造衛星雞尾酒，玩具製造商也大量推出衛星模型和太空裝[3]。人造衛星發射三週後，內建的電池終於沒電了，不再嗶嗶叫。儘管如此，美國的憂患意識仍持續高漲。一些政治人物認為，美國對美好生活的過度關注，導致人民不問世事，把家庭的美好看得比國家的安全還要重要。共和黨參議員史泰爾．布里奇斯（Styles Bridges）犀利地說：

如果我們希望這個國家和自由世界存活下來的話，顯然我們應該少關心新地毯的厚度或新車的車尾高度，多為灑熱血、汗水、眼淚預作準備。[4]

在地球的另一端，一個截然不同的故事正迅速發展。蘇聯的領導人欣見人造衛星在美國製造的全國恐慌，亟欲乘勝追擊，所以政府迅速下令郵票、海報、雜誌封面都印上人造衛星的圖樣。此外，他們也迅速批准國內最頂尖的火箭科學家繼續進行下一階段的太空計畫。

一個月後，美國的情況更加惡化。為了慶祝俄國革命（Bolshevik Revolution）四十週年，蘇聯把第一個生物送上了地球軌道。史普尼克2號的重量約是1號的五倍，它載著小狗萊卡（Laika）上了太空。蘇聯科學家最初打算建造一艘可以把萊卡安全送回地球的太空船，但是為了趕上週年紀念的慶祝活動，最後只能發射單程的太空船。萊卡在太空船發射幾小時後，便因過熱而死亡，但那次飛行證明了動物可以在無重力狀態下生存，也暗示了蘇聯可能很快就會把人類送上太空。西方國家再次為之震撼。

一九五七年十二月六日，數百萬美國人收看《天才小麻煩》第十集，看到主角在學校的舞會上當眾受辱。當天稍早，整個美國也正好處於類似的情境。在全球媒體的關注下，美國試圖發射人造衛星「先鋒3號」（Vanguard TV-3）。結果，火箭從發射台緩緩地升空，不久便迅速落回地球，起火燃燒，形成巨大的火球，化為烏有。全球媒體大肆報導這個新聞，極盡嘲諷之能事。例如，《每日快報》戲稱「先鋒3號」是Kaputnik（kaput是故障的意思）；《每日先驅報》嘲諷它是「Flopnik」（flop是失敗的意思）；《新聞紀事報》（*News Chronicle*）譏笑它是「Stayputnik」（stay put是停住不動的意思）。蘇聯挖苦地說，美國可能有資格獲得聯合國專為未開發國家所提撥的資金援助[5]。

看來美國非採取行動不可了，而且動作要快。

把夢做大，放膽而為，搶當第一

一九五八年，艾森豪政府成立美國太空總署（NASA），也為科學教育投入數百萬美元。兩年後，甘迺迪與尼克森競選美國總統，太空競賽成了總統大選的焦點，甘迺迪承諾他會盡全力確保美國率先衝過終點線[6]。後來，甘迺迪以美國史上少見的票數差距，險勝尼克森，當選總統。

面對當時嚴重分裂的美國，這位年輕的總統亟欲獲得全國的支持，他想發表令人印象深刻的就職演說。於是，他找上首席文膽尋求幫助。泰德．索倫森（Ted Sorensen）是文采過人的語言大師，擅長以簡潔的詞句一語道盡宏大的想法。一九六一年一月二十九日，四十四歲的甘迺迪成為美國歷史上最年輕的總統。那天冷冽刺骨，大風雪把美國的首都覆蓋在厚厚的積雪中，整個首都幾乎陷入停頓。儘管如此，成千上萬人看著甘迺迪走上講臺，發表後來大家普遍認為是史上最動人的政治演說。

甘迺迪精力充沛，意志堅定，他對著看似迷失方向的戰後世代發表演講。他鼓勵每個美國人思考如何幫助他人，並強調公共服務的價值。在十四分鐘的就職演說中，他以一句如今廣為人知的名言作結，那句話一語道盡了他的大膽願景：「別問國家能為你做什麼，要問你能為國家做什麼。」

儘管甘迺迪對未來充滿了樂觀，但他的總統生涯一開始並不順遂。一九六一年初，發生古巴豬玀灣事件（Bay of Pigs），以及後來又有幾艘火箭未能升空，導致美國更加顏面無光。入主白宮不久後，甘迺迪就把注意力轉向太空競賽，開始檢討美國的頂尖科學家和工程師所制定的計畫[7]。總統知道，他需要一個能夠打動數百萬人心靈的願景。一些專家建議美國與蘇聯正面交鋒，想辦法發射一顆巨大的衛星。另一些人建議打造一個巨型的太空站，永久環繞著地球運行。甘迺迪的想法是把夢想做得更大，更放膽而為。

經過幾個月的會談後，總統最後提出一個呼應其宏大願景的想法：全球第一個載人登月的任務。由於蘇聯已經先發制人，甘迺迪為美國的太空計畫增添了一個嚴苛的時間表：十年內把人類送上月球表面。那是個出奇大膽的目標。

對甘迺迪來說，這個雄心勃勃的想法符合了所有的條件。登月不僅可以拔得頭籌，也可以名留青史。此外，還可以挫挫蘇聯的銳氣，幫美國在太空競賽中扳回一城。或許最重要的是，總統相信這樣做可以確保民主勢力掌控太空權，使世界變得更和平。只不過，這個遠大的目標有一個重要的問題。登月任務耗資巨大，甘迺迪必須先說服國會相信，這是個值得付出的目標。

一九六一年五月，甘迺迪在國會參眾兩院的聯席會議上發表演說，以傳達「國家的迫切需要」這個特殊的訊息。他提出在十年內把人類送上月球的宏大願景，並平靜地解釋，這個計畫會遇到極大的科技挑戰，需要浥注驚人的公帑。然而，甘迺迪心意已決。他指出，任何比人類登月還要簡單的目標，都不符合要求：

我想請國會和整個國家致力投入新的行動計畫……如果我們只做半套，或是遇到困境時就縮限願景，在我看來，那還不如不做。

總統隨後宣布，這個遠大的目標若要成功，美國上下必須齊一心志，共同努力。對甘迺迪來說，這不單只是送人類上月球而已，而是全國上下一起伸手摘星，努力實現宏大的夢想。甘迺迪在演講的最後，請國會同意提撥七十億到九十億美元的鉅額預算，來資助這項計畫（實際上，該計畫最終耗資約兩百五十億美元。在鼎盛時期，占用了全國每年公共開支的5%以上）。

總統原本擔心，國會可能會否定他的提案，或大幅削減他提議的金額。實際上，他那大膽無畏的遠見廣受支持，那次動議經過短短一小時的辯論後隨即通過。

他贏得了國會的支持，但他能激勵及吸引美國大眾嗎？

熱情的感染力

整個一九六一年，太空任務小組一直在尋找適合做為任務總部的基地，最終他們決定在德州休斯頓的萊斯大學（Rice University）附近打造「載人太空船中心」*（Manned Spacecraft Center）。一九六二年九月十二日，甘迺迪前往萊斯大學的體育館，當眾宣布十年內送人類上月球的夢想。

那場演講吸引了四萬多名觀眾到場。當時，十五歲的少年泰瑞・奧羅克（Terry O'Rourke）坐在看台上。如今年過七旬的泰瑞依然記得那天見到甘迺迪的情景：「人生長達數千個日子，但我對那幾個小時記憶猶新。那天我蹺課，騎著單車去萊斯體育館。那時的保安很少，所以我直接進入會場，坐了下來。那天熱死了，我還記得每個人都覺得現場悶熱難耐。」[8]

甘迺迪再次與文膽索倫森合作，他們希望那次的講稿能夠吸引全國人民，使舉國上下為之振奮。泰瑞從看台上往下望，見到總統走上講台，說出以下開場白：

> 我們在這所以知識著稱的大學、以進步聞名的城市、以實力見長的州相聚，如今我們迫切需要這三者的力量。

* 譯注 ──
後來更名為「休斯頓太空中心」，是美國太空總署下的研究機構。

泰瑞立即感受到甘迺迪那番話的力量，以及他的強大氣場：「別忘了，那是冷戰時期，每個人憂心忡忡，分外恐懼。我們根本不知道蘇聯是怎麼在太空競賽中領先我們的。但是當時帥氣、聰明又充滿群眾魅力的甘迺迪告訴我們，美國仍有希望。」

在演講一開始，甘迺迪概略提到他讓國會為之振奮的願景：美國將在十年內送人類上月球。接著，甘迺迪話鋒一轉，把重點放在成為開拓性的先驅所產生的熱血沸騰感，以及太空競賽對人類未來的重要：

> 我們的前輩讓這個國家掀起了工業革命的第一波浪潮，帶動了現代發明的第一波浪潮，激發了核能技術的第一波浪潮。我們這一代絕對不願在即將到來的太空浪潮中倒下，我們要參與其中，領導潮流。因為如今全世界都在關注太空、月球和其他行星，我們發誓過，絕不讓邪惡國家插旗掌控太空，我們要看到自由和平的旗幟在太空上飄揚。我們也發誓過，絕不讓太空遍布著大規模的毀滅性武器，而是充滿了獲取知識的工具。

相較於附近的德州大學奧斯汀分校，萊斯大學的規模較小。多年來，這兩所大學的美式足球隊始終競爭激烈，德州大學的長角牛隊（Longhorns）常打敗萊斯大學的貓頭鷹隊（Owls）。甘迺迪在台上即興地提及兩校之間的競爭，以反映迎接艱巨挑戰的重要，那句話在當天博得了最熱烈的喝采：

但有人問道，為什麼要登月呢？為什麼選擇以登月為目標呢？他們或許也會問，為什麼要登上最高峰？為什麼三十五年前要飛越大西洋？為什麼萊斯大學要跟德州大學競爭呢？

我們決定在十年內登上月球及實現其他的夢想，不是因為這些事輕而易舉，而是因為困難重重，因為那個目標有助於我們動員最大的力量與最卓越的技術，衡量自己的能耐，因為那是我們樂於接受的挑戰、不願推遲的挑戰、志在必得的挑戰。

泰瑞記得，當時在甘迺迪的熱情感染下，整個體育館為之振奮激昂。泰瑞說：「我對他有百分之百的信心。他說我們要上月球，我對他的話深信不疑，我們都相信他了。你可以說那叫樂觀、自大或天真，但體育館裡的每個人似乎真的相信，美國確實可以辦到。」

接著，甘迺迪把大家的焦點從「為什麼」要送人類上月球，轉移到「如何」上月球。他坦言，美國當時在航太技術方面落後，並反思美國必須克服的巨大科技障礙。他說，抵達月球需要打造一個長如足球場的巨型火箭，設計出比世界上最精準的手錶還要精密的儀器，發明能夠承受約太陽一半熱度的材質（這裡甘迺迪又即興地穿插一句：「像此時此地一樣熱。」）

甘迺迪在這場歷史性的演講最後，把這個即將展開的旅程比喻成世上最偉大的探險家所做的探險：

多年前，有人問後來命喪珠峰的英國偉大探險家喬治．馬洛里（George Mallory），為什麼要攀登珠峰，他回答：「因為它就在那兒。」好的，太空就在那兒，我們將會登上它；月球和其他的星球就在那兒，獲得知識與和平的新希望就在那兒。因此，在我們啟程之際，讓我們祈求上帝保佑這個人類有史以來最危險、最宏大的歷險。

甘迺迪提到讓世界變得更美好很重要，這番說法讓當時十五歲的泰瑞頗有共鳴。他指出：「他的演講令我動容。那個為大我貢獻小我的概念，深得我心，令我畢生難忘。那天聽完演講後，我一心只想以最好的方式，幫助我的國家和同胞。」

泰瑞離開萊斯體育館不久，就寫信給當地的國會議員，並受邀擔任眾議院的聽差。一年後，他經歷了另一個難忘的時刻：在白宮的草坪上與甘迺迪面對面。泰瑞後來讀法律系，畢業後開創了卓越的法律生涯，一生致力於環境保育及反抗社會不公。他的職涯也呼應了甘迺迪那個「為大我貢獻小我」的主張，他後來身為總統團隊的一員，幫忙說服國會成立美國能源部。他也曾在卡特總統任內在白宮任職。

泰瑞不是當天在體育館內唯一受到甘迺迪感召而改變人生的人。離泰瑞不遠處，站著一位萊斯大學的學生，他是該校的籃球明星傑瑞．伍德菲爾（Jerry Woodfill）[9]。

傑瑞來自印第安那州，從小就對籃球產生濃厚的興趣，後來拿到萊斯大學的體育獎學金。傑瑞也來聽甘迺迪的演講，他跟泰瑞一樣，記得那天酷熱難耐。當時，傑瑞過得不太順遂，學業成績不佳（兩科拿C，兩科拿D，一科死當），籃球訓練也毫無起色。然而，甘迺迪一開口演講，傑瑞就察覺到內心的悸動。聽完演講後，他彷彿脫胎換骨，變了一個人。甘迺迪想率先送人類上月球的熱情激勵了他，他回到萊斯大學後，放棄了籃球生涯，致力投入電機系的學業。畢業後，他應徵太空總署的工作，獲得錄取，在那裡協助開發登月太空船的安全系統。一九六九年七月二十日，就在聆聽甘迺迪演講七年後，傑瑞在載人太空船中心工作，協助阿姆斯壯和艾德林登上月球表面。

甘迺迪的登月願景激勵及鼓舞了全美數百萬人，不久全美似乎都感染了太空熱潮。短短幾個月內，總統就設法激勵了政治人物、大眾、科學家和工程師。美國終於找到了終極的夢想，人類即將動身前往月球。

善用熱情的威力

登月的想法激勵了全世界數百萬人，有些人小時候讀過巴克・羅傑斯（Buck Rogers）在太空漫畫《飛俠哥頓》（Flash Gordon）中冒險的故事，喜歡探索太空的概念。有些人想去月球，是因為那是非常困難、新穎又大膽的挑戰。有些人是受到強烈的使命感所驅動，他們和甘迺迪一樣，認為前進太空可以促進自由和民主，為後代創造更美好的世界。還有一些人是因為喜歡太空競賽的競爭感，渴望美國比蘇聯更早達到目標。

同樣的熱情也激勵了許多科學家和工程師實現甘迺迪的願景，那股熱情是他們成功的關鍵，因為熱情把工作變成了玩樂，幫他們熬夜加班，趕上緊迫的期限。比爾・廷德爾（Bill Tindall Jr.）是參與阿波羅計畫的資深工程師，在登月任務成功數年後，有人問他，什麼因素激勵那麼多人拚命地實現這個夢想。廷德爾不願以「工作」來稱登月任務，他表示：

> 我會以「玩樂」一詞來取代「工作」，因為我從來不覺得我們是在工作。我是講真心話，那段日子太有趣了。[10]

在任務控制中心裡，很多人都是這麼想。有人問飛行主任葛林・倫尼（Glynn Lunney）身為登月任務團隊的一份子是什麼感受，他回應：「我們都很愛這份工作，熱愛這種休戚與共的情誼，熱愛競爭，熱愛這種為美國同胞做重要大事的感覺。」[11]同樣地，飛行控制員史蒂夫．貝爾斯（Steve Bales）也說，身為阿波羅任務的一份子，感覺很刺激，也充滿了樂趣，即使薪酬只夠他餬口，他也會欣然加入[12]。我問飛行主任傑瑞．葛瑞芬（Gerry Griffin）是否願意再次面對那麼沉重的工作量及驚人的壓力，他立刻回應：「當然願意，那項任務的結束令我相當難過不捨。」[13]

大量的科學證據也佐證了這些飛行控制員的說法。魁北克大學的羅伯．瓦勒朗（Robert Vallerand）發表過數百篇有關熱情心理學的學術論文[14]。他研究了數千位熱情者的生活和思維後，發現這個經常遭到忽視的因素（熱情）是成功的一大祕訣。我們從事熱愛的事情時，會覺得工作比較像玩樂；遇到困境時，更有可能堅持下去，所以成效特別好，成就特別高。就像甘迺迪宣布登月計畫就足以激勵整個國家一樣，熱情也可以在個人生活和職涯中，激勵一個人創造出難以置信的顛峰。

說到追尋夢想，你需要追隨熱情。或者，如果你是被迫走上某條路，你需要想辦法對那個歷程產生熱情。遺憾的是，很多人找不到讓他們眼睛為之發亮、覺得人生值得過下去的熱情。以下技巧是為了幫你在生活中浥注更多的熱情，從而提供你實現夢想的燃料。這些技巧是以那些讓人對甘迺迪的夢想充滿熱情的因素為基礎——首先，你需要回答九個關鍵問題，瞭解把夢做大的科學，把今天當成人生中最重要的一天，創造你自己的太空競賽。

九個問題，讓你找回先天的熱情

許多參與登月任務的科學家和工程師，一輩子都對飛行和太空探索充滿了熱情。同樣地，很多人先天就對某件事情充滿了熱情，例如繪畫、陶藝、音樂、拼花、觀雲、魔術等等。這些興趣通常是童年培養出來的，可能成為他們享受一輩子的力量。遺憾的是，在生活日益忙碌複雜之後，我們往往忘了為生活增添活力。如果這聽起來很像在講你的生活，你可以用以下技巧來找出先天的熱情所在。

首先，找個安靜的地方，寫下這九個問題的答案。

① 列出生活中三個讓你覺得特別激動、熱情、充滿活力的時刻。

② 想像你受困在荒島上，只能閱讀某個主題的相關書籍和雜誌，你會選擇哪個主題？

③ 想像你財務穩定，想做什麼都可以，不必擔心沒錢。你環遊世界，買了一、兩棟房子，資助一些值得支持的親友，捐款贊助慈善機構以後，你想過什麼樣的生活？

④ 小時候你愛做什麼？有什麼童年玩具或物件是你一直保留著，捨不得丟的？如果有，為什

麼？

⑤什麼嗜好和興趣是你曾經很愛，但如今已經不再是你生活的一部分？

⑥想像你已經進入晚年，回顧這一生，你希望自己如何度過之前那三十年，你有什麼遺憾？什麼事情是你沒做，但你希望你做了？

⑦想像你可以創造新東西，任何東西都可以，也許是新型的手推車、新的超級英雄、新網站、學習彈吉他的新方法，你會創造什麼？

⑧你曾經投入某件事情，突然發現時間過得飛快嗎？你以為你做了三十分鐘，但實際上做了好幾個小時，當時你在做什麼？

⑨有人給你一塊大木板，要求你在上面貼一些有吸引力的圖畫。你可以貼你喜歡的任何照片、繪畫或圖像。你會在上面貼什麼？

你可能已經猜到，這九個問題是為了幫你找到這輩子的真愛。等一下會請你回顧那些答案，找出裡頭浮現的共通主題，藉此發現你的熱情所在。不過，在開始回顧之前，請思考以下兩點：

◆別擔心熱情耗盡。心理學家班傑明．謝倫伯格（Benjamin Schellenberg）請一千多位學生說出自己幸福、健康、快樂的程度，以及他們的生活中是否有熱愛的東西（究竟是完全沒有，還是有一、兩個）[15]。結果發現，有兩種熱衷之事的人最快樂。研究人員猜想這些人可能花較多的時間在喜歡的活動上，所以他們也請受訪者說出自己為熱情投入多少時間。有兩種熱衷之事的人，即使投入兩種事的時間和只有一種熱衷之事的人一樣多，他們還是比較快樂。由此可見，有一種熱衷之事很好，但有兩種以上更好。

◆不過，這裡也要提醒一點：不要做過頭。研究顯示，並非所有的熱情都是正面的。有些人可能被熱情沖昏了頭，沉迷其中，無法自拔。他們往往覺得自己無法停下沉迷的事物，有時是受到外部獎勵的驅使，例如讚美、名氣或金錢，而不是因為真的樂在其中。這種痴迷可能使人精疲力竭，甚至受傷，例如舞者即使受傷了，依然持續表演，或者單車手冒著危險的天候出去騎車。人要有熱情，但不要過度沉迷。

好，現在回頭看那九個問題的答案，試著找出生活中你真正在乎的東西。什麼事情讓你的生活充滿活力？仔細去探索吧。

例如，你可能經常提到踢踏舞，喜歡鑽研黑斯廷斯之戰（Battle of Hastings），愛畫畫，開發智慧型手機的APP或做陶藝，做金屬探測或參觀劇院。無論是什麼，現在想想，如何利用這個熱情來設定一個新抱負或新目標，從而確定你的夢想。在開始之前，請先考慮以下兩點。

首先，很多人想靠熱情謀生。如果你想不出來你有哪些熱情可以拿來謀生，不妨思考如何把熱情融入現有的工作中。例如，如果你從事人才招募的工作，但是對科技很感興趣，你可能提議由你來領導一個工作小組，一起探索運用社群媒體來吸引人才的可能性。或者，如果你是客服人員，但是對表演充滿了熱情，你可以運用表演技巧來培養顧客關係嗎？

第二，如果你確實有好幾項熱衷之事，可以思考如何把它們結合起來，創造出獨特的東西。例如，如果你擅長園藝，也對數學很感興趣，你可以變成做幾何圖案設計的園藝師嗎？如果你對音樂和健身很感興趣，你可以創作出激勵大家上健身房的音樂嗎？或者，你也可以效法阿波羅任務的太空人艾爾．賓恩（Al Bean）。賓恩曾在月球上漫步，也是技藝精湛的藝術家。現在他是畫月球表面的畫家，顏料裡摻了月球上的塵土。

好，現在試著找出你的夢想。

把夢做大的科學

「別做小計畫，小計畫無法讓人熱血沸騰。既然要做，就要做大，不然乾脆別做了。」

——丹尼爾．伯納姆（Daniel Burnham）

甘迺迪宣布登月計畫時，把門檻設得特別高。這種大膽的目標——通常稱為「延伸目標」（stretch goal）——可以讓人變得更有熱情、打破自滿、促進創新、提升抱負、拓寬眼界，從而播下成功的種子。事實證明，這種方法在幾個知名的組織裡也非常有效。例如，賈伯斯運用他的「現實扭曲力場」（結合個人魅力與遠見，以說服他人相信他們可以達到看似不可能的目標），幫蘋果達到新的顛峰。同樣地，成功的發明家兼企業家伊隆．馬斯克（Elon Musk）經常利用「過於樂觀的截止日期」來創造驚人的科技大躍進。

研究顯示，擁有遠大、膽大、看似不可能的目標可以產生熱情，讓人受惠。例如，與其嘗試創立小事業，不如想像創立大帝國。與其試圖對小社群產生正面的影響，不如以幫助數百萬人為目標，更有效果。與其只跑一小段距離，不如放眼馬拉松。依循以下幾個簡單的原則，可以讓延伸目標變得特別有效：

◆ 首先，延伸目標可以激發「恐懼因素」時，效果最好。那可以讓腎上腺素狂飆，使人同時感到恐懼、刺激、精力旺盛。腎上腺素狂飆是源自於情感衝突。最好的延伸目標通常乍看之下沒有顯而易見的實現方法，所以會讓人產生不確定感和恐懼感。然而，在此同時，他們也讓人感到遠大及必要，那可以創造出樂觀和希望的正面感受。

◆ 說到延伸，那有一個最適點。如果你設定一個雄心勃勃的目標，但看似達得到，那對你或組織就沒有多大的挑戰性了。更糟的是，你達到目標後，發現你其實可以達到更高的目標時，可能會後悔。另一個極端是設定完全不切實際的目標（例如「一年內我要當選美國的下任總統」），那只會使人感到挫敗，或許更重要的是，那可能導致你下次把目標設得太低。為了防止這種情況發生，你需要評估全力投入時，實際達成目標的機率。例如，甘迺迪在休斯頓發表演講之前，他先諮詢過火箭科學家和太空工程師，瞭解十年內把人類送上月球的可能性。他們告訴他，機率很小*，但還是有可能達到。如果你對實現目標有90%的把握，那幾乎可以肯定那個目標太容易了。相反地，10%的把握則可能把門檻設得太高了。一些研究人員認為，最好的目標是有五到七成的成功機率。

你有雄心勃勃的大膽目標嗎？首先，胸懷大志，把夢做大，放眼比別人更遠或更快的目標。利用「恐懼因素」和「五到七成的機率」法則來創造完美的目標。設定延伸目標後，有些組織和個人會成功，有些不會。無論成敗，大膽的願景都會激勵他們前進，也確保他們比那些設定簡單目標的人更有成就。勵志作家萊斯．布朗（Les Brown）有句名言：「伸手摘月，即便失敗，仍與星辰同在。」

* 譯注 ——
long shot是可能性很小的意思，但字面意思也可以解釋成射得很遠，所以一語雙關。

把今天當成人生中最重要的一天

「人生中最重要的兩天，是你誕生的那天，和你發現人生真諦的那天。」[16]

——恩納斯・坎貝爾（Ernest T. Campbell）

心理學家發現，儘管動物園的員工薪資較低，還要擦洗圍欄、清理動物糞便，但他們是世界上最滿足的員工之一。[17]為什麼呢？因為他們可以看到自己的努力讓世界變得更美好，所以他們比較願意長時間工作，忍受偶爾出現的臭味。簡言之，他們熱愛工作是因為他們有使命感！

同樣地，參與阿波羅計畫的許多人也是受到使命感的驅使：他們相信登上月球可以促進自由和民主，有助於創造更美好的世界。

登月祕訣

聰明思維

研究顯示，運用「聰明思維」（SMarT thinking），更有可能實現目標。所謂的SMarT，是指目標要具體（Specific）、可衡量（Measurable）、有時間限制（Time-constrained）[18]。

甘迺迪的遠見非常符合這個標準，聰明極了。他不是光說美國要伸手摘星或飛向太空，而是承諾美國將在十年內（有時間限制）送人類登陸月球，並安全返回地球（具體又可衡量）。

運用聰明思維，把你的目標和抱負變得具體、可衡量、有時間限制，就能提高成功的機會。

哦，對了！你還要把目標記錄下來。為目標和抱負寫筆記的人，實現目標的機率又提高了30％左右。

最後一個重點：簡單至上。一位阿波羅任務的太空人說，甘迺迪的願景其實可以用三個字來概括：「人、月、一九七〇。」你可以用短短幾字來概括你的目標嗎？

賓州大學心理學家亞當．格蘭特（Adam Grant）的研究顯示，即使是很小的使命，也能發揮出奇強大的影響力[19]。格蘭特任教的大學裡有一個電話中心，日復一日，裡面的工作人員會打電話給畢業校友，詢問他們是否願意捐款贊助該校發給未來學生的獎學金。那份工作的重複性很高，而且經常遭到拒絕。為了幫那個平淡的工作增添一些意義，格蘭特找來一位領取獎學金的學生，讓他花幾分鐘告訴工作人員，獎學金如何改變他的生活。這個簡單的改變發揮了神奇的效果，員工突然明白他們為什麼要做那些事情，因此覺得自己的工作更有意義。格蘭特追蹤後續幾週的員工績效，驚訝地發現他們打電話的時間增加了142％，募款也增加了171％。

如何為生活滬注更多的意義呢？或許最簡單的方法是找到幫助他人的方式，為大我貢獻小我，或是讓世界變得更美好。還記得前面提過，泰瑞聽到甘迺迪說創造美好未來的重要後，他終其一生致力促進社會正義及推廣環保嗎？作家亨特．湯普森（Hunter S. Thompson）曾說：「任何讓你熱血沸騰的事，可能都值得去做。」什麼事情讓你熱血沸騰呢？這世上有什麼問題是你最有可能解決的嗎？

同樣的想法也可以馬上為你的工作增添更多的意義。心理學家艾美·瑞斯尼斯基（Amy Wrzesniewski）是耶魯大學管理學院的組織行為學教授，她的職涯主要是協助大家從任何職業中找到意義[20]。她採用「工作塑造法」（job crafting），運用幾個簡單的技巧，幫你把現有的工作轉變成熱愛的工作。

或許最簡單的方法，是自問一個簡單的問題：「我的工作如何幫助他人？」幾乎任何職業都可以幫助他人，只要花點心力，就能突破一般的職務說明。例如，教師可以把焦點放在教育良好的孩子如何讓整個社群受惠；手機設計師可以思考他們的產品如何協助他人聯繫、分享美好的記憶；超市收銀員可以提醒自己，他們為孤獨的顧客提供短暫但重要的人際接觸。

據傳，甘迺迪造訪載人太空船中心時，曾經請那裡的清潔工描述他的工作。清潔工回答：「我正在協助送人類上月球。」不管這個故事是不是杜撰的，他一語道盡了那些登月計畫成員的真實精神。參與阿波羅計畫的數千人不僅設計火箭引擎、拴緊螺栓或清理地板而已，他們認為自己為一項重要的計畫做出了重要的貢獻。只要你抱持這種態度，並鼓勵周遭的人也這麼做，你很快就會發現使命帶來了熱情。

如何為生活增添更多的意義？如何為大我貢獻小我，使世界變得更美好？什麼事情讓你熱血沸騰，為之激昂，你如何運用那股衝勁呢？切記，只要問一個簡單的問題，就可以馬上為任何活動浥注使命感：「這對他人有什麼幫助？」

創造你自己的太空競賽

一八九八年，現代心理學之父發現一件奇怪的事情。白天，諾曼・崔普利（Norman Triplett）教授是印第安那大學備受敬重的心理學家。剩下的時間，他非常熱衷地投入當時最新流行的單車運動。崔普利決定把他對人類心理的熱愛及單車運動的熱情結合起來，做一項開創性的研究，從此開創了運動心理學這個新領域[21]。

崔普利檢視美國單車聯盟（League of American Wheelmen）競賽委員會記錄的比賽時間，發現一個奇怪的現象。單車手有競爭對手時，比獨自想要打破個人紀錄的車速還快。過去一百年左右，這種效應反覆出現好幾次。研究顯示，讓人與對手競爭獎項時，無論那個獎項有多麼微不足道，都能提高績效[22]。在團隊共事中，當你知道自己和對手的績效時，這種效果特別強大。

最近這個領域的一些研究顯示，競爭特別重要。紐約大學的心理學家蓋文・基爾達夫（Gavin Kilduff）想知道，與競爭對手比賽是否會讓人更想贏得比賽，使好勝心變得更強[23]。他追隨崔普利的腳步，分析了上百場的長跑賽資料，發現競爭對手的存在使跑者的比賽速度又快了幾秒。其他的研究甚至顯示，光是想像你和競爭對手比賽，就有助於提高績效。

美國人不僅想要登上月球而已，他們更想打敗蘇聯這個對手，如此衍生出來的競爭意識激勵了他們，使他們特別有動力去贏得這場競爭。

下次想要迅速提振熱情時，可以創造自己的太空競賽。你的競爭對手和主要敵手是誰？你想打敗誰？你可以自創有趣的比賽來激勵自己和他人嗎？例如，你可以設計一個部門間的競賽，比較哪個部門的垃圾回收做得最好；或是跟你的伴侶比賽減重；或是在健身房中想像自己和對手競爭，藉此激勵自己。無論是什麼競爭，你都可以運用內在的好勝心來激發熱情。

摘要

追隨你的熱情。如果你是被迫朝著某個方向前進，那就想辦法讓自己對那趟旅程產生熱情。

- 為了發掘潛藏的熱情，想想你會帶什麼書籍和雜誌去荒島上；小時候喜歡做什麼；你的嗜好和興趣是什麼；從事哪些活動時，覺得時間過得飛快。
- 胸懷大志，把夢做大，搶當第一。甘迺迪的目標之所以讓全世界矚目，是因為那個目標大膽，雄心勃勃。你的大膽目標是什麼？如何搶當第一？
- 想想小我對大我的貢獻，可以讓生活變得更有意義。什麼事情讓你熱血沸騰，你如何運用那股衝勁？為了對活動浥注使命感，問自己一個簡單的問題：「這對他人有什麼幫助？」
- 最後，創造自己的競賽可以迅速提振熱情。想辦法把一項活動變成有趣的競賽或賽局，營造輕鬆愉快的競爭氣氛。

2.

「約翰，奏效了！」

認識那個以巧妙計畫達成任務的創新工程師；
學習如何創造出奇制勝的妙方。

甘迺迪讓整個國家對於十年內實現登月計畫充滿了熱情。然而，總統忽略了一個重要的細節——如何在那麼短的時間內實現那麼大膽的目標。怪的是，近一百年前，一位法國小說家曾處理過一樣的問題。一個世紀後，他的開創性發明塑造了現代火箭科學家的想法。

一八二八年，朱勒・凡爾納（Jules Verne）誕生於法國南特市（Nantes）的人工小島上，從小就對寫作充滿了興趣。他希望他構思的故事在科學上盡可能準確，所以特地跑到法國的國家圖書館，花大量時間閱讀最新的科技突破。最後，他愛上天馬行空的旅行文學，創作了幾部知名的小說，包括《地心歷險記》（*Journey to the Center of the Earth*）、《海底兩萬里》（*Twenty Thousand Leagues Under The Sea*）、《環遊世界八十天》（*Around the World In Eighty Days*）。一八六五年，凡爾納把注意力轉向太空，寫出一部輕鬆明快的開創性科幻小說，書名是《從地球到月球》（*From the Earth to the Moon*）。

凡爾納把那個故事的背景設定在美國內戰剛結束的時候，內容是描述巴爾的摩大炮協會（The Gun Club）的命運。該協會致力於武器的設計，多數會員都上過戰場。故事一開始，凡爾納以生動又幽默的筆觸，描寫這群形形色色、行為古怪的會員在戰場上受過的傷害：

> 他們的身上可以看到拐杖、木腿、義肢、鐵鉤、橡膠下巴、銀質頭蓋骨、白金鼻等東西。卓越的統計學家皮特凱恩（Pitcairn）計算過，在這個大炮協會裡，四個人之中不見

得有一隻手臂，六個人之中不見得有兩條腿。

內戰結束導致全國對武器興趣缺缺，大炮協會的會長因此宣布，他們應該打造一門巨型的大炮，對著月球發射一個密閉的太空艙，以扭轉炮彈業的頹勢。一位法國冒險家主動表示，他願意坐進那個太空艙。他也設法說服大炮協會的會長和一位陸軍上尉加入他的行列。全球各大報章雜誌紛紛報導大炮協會的遠大計畫，大量捐款如雪片般湧入協會。最後大炮協會共募集了五百五十萬美元，其中美國人的捐款約四百萬美元，英國人則一分錢也沒捐。

大炮協會把他們製作的巨炮命名為「哥倫比亞德」（Columbiad）。他們決定在地上挖個大洞，並在洞邊圍上鑄鐵，把巨炮建在裡頭。仔細評估美國各地的幾個可能地點後，他們最後選擇把巨炮設在佛羅里達州坦帕市以南的某個地方。巨炮的建造很順利，不久二百七十五米長、三米寬的大炮就完工了。

他們知道太空艙的設計應該愈輕愈好，所以決定採用鋁合金材質。一位會員還說，這種新發現的金屬「似乎是專門為我們這個拋射專案創造出來的材質」。仔細計算了脫離地心引力所需要的力道後，他們在大炮的底部塞進了四十萬磅的火棉。

在發射當天，三位冒險家勇敢地從巨炮的炮筒，潛入子彈型的鋁合金密閉艙中。五百萬名觀眾一起歡唱美國愛國歌曲〈洋基歌〉（Yankee Doodle）時，巨炮把太空艙成功地發射到太空中。於是，世上第一批太空人就此展開了月球之旅。

凡爾納的故事最後以驚險的劇情結束。天文學家以巨型的望遠鏡追蹤太空艙的旅程，驚恐地發現那三人錯過了月球，被困在月球軌道上。書中的最後一段，天文學家悲觀地說，那三位勇敢的冒險家可能下半輩子都得在那裡環繞月亮了。但一位大炮協會的會員提出比較樂觀的看法：「他們三人把藝術、科學、工業的所有資源都帶進了太空。有了那些東西，他們就可以做任何事情；總有一天，我們會看到他們平安歸來。」

《從地球到月球》出版後非常暢銷，凡爾納後來又出了續集《環繞月球》（*Around the Moon*）。第二個故事開頭寫道，這次太空艙裡有三名太空人、兩條狗（名叫戴安娜和衛星）、六隻小雞和一隻大公雞。太空艙發射不久後，艙內的太空人就開始享用美酒和湯品，但後來他們發現太空艙從巨炮中發射出來時，小狗「衛星」受傷了。遺憾的是，小狗後來傷勢太重，不治死亡。他們只好把小狗從太空艙的窗戶扔向太空（這樣可能把小狗衛星變成真的衛星）。後來，一顆一閃即過的小行星因引力太大，導致太空艙偏離航道，把他們送進了月球軌道。他們以一副望遠鏡觀測月球的表面後，太空艙又遇到另一顆讓它改變航道的小行星，並迅速返回地球。這三名太空人最後濺落（splash down）在太平洋上，被美國海軍救起，返鄉時受到熱烈的歡迎。

凡爾納寫這兩本小說以前，先諮詢了擔任數學教授的堂哥，請他幫忙確定故事盡量符合科學原理。所以這兩本小說中充滿了複雜的算式和公式，還有好幾個章節專門談火箭、真空、無重力狀態。因此，他的小說可說是史上第一次全面思考太空飛行和航太工程所涉及的數學和物理學。

凡爾納的許多推估和預測都準確得驚人。例如，他率先正確地算出脫離地心引力所需要的加速度（「每秒十公里」），而且還精確地指出太空艙的軌道，所以太空史學家後來能夠繪出通往月球的確切路徑。此外，凡爾納也針對無重力狀態的可能效應，提出了開創性的觀點（儘管他誤以為太空人去月球的旅程中，只有一半的旅程會處於無重力狀態），並預言了「制動火箭」的使用（引擎提供與太空船動向相反的推力，以便為太空船減速）。

登月祕訣

凡爾納

妙的是，阿波羅任務中有幾個細節幾乎完全呼應凡爾納小說中的描述……

◆ 在凡爾納的第一個故事中，一群美國人前往佛羅里達州打造巨炮，用那個巨炮來發射鋁合金的太空艙，太空艙裡有三名太空人。近一百年後，阿波羅任務在距離凡爾納挑選的位置約一六〇公里的地方發射，也是採用鋁合金為基底的太空船，載著三名太空人。

◆ 在凡爾納的故事中，這個專案耗資巨大，大部分的資金來自美國。凡爾納再次預言成真。阿波羅任務最終斥資高達兩百五十億美元，由美國買單。

◆ 在凡爾納的第二個故事尾聲，三名太空人濺落在太平洋上，被美國海軍的艦艇救起。同樣地，阿波羅號的太空人也是濺落在太平洋上，也是被海軍艦艇救起。

◆ 最後，凡爾納把巨炮命名為「哥倫比亞德」（Columbiad），和阿波羅11號的指揮艙「哥倫比亞號」（Columbia）只差一個字母。

阿波羅11號的太空人並沒有忽視這些驚人的相似處。一九六九年七月，太空人準備重返地球的大氣層時，就提到凡爾納的書。

從想像到創新

凡爾納非常注重太空旅行的數學和科學，他的作品激勵了好幾世代的火箭科學家。一般普遍認為康斯坦丁．齊奧爾科夫斯基（Konstantin Tsiolkovsky）是俄羅斯的火箭之父。他生於一八五七年，十六歲時讀了凡爾納的小說，從此迷上太空，決定畢生投入航太學。終其一生，他常回顧凡爾納的小說以尋求靈感。他一度算出，凡爾納那個巨炮所產生的加速度應該會導致太空艙裡的三個人、兩條狗、六隻小雞和一隻大公雞融化成一層薄膠，癱在太空艙的地板上。

美國工程師羅伯．戈達德（Robert Goddard）小時候也讀過凡爾納的小說。他還在小說的空白處註記凡爾納的計算結果，他也說那些故事激發他對科學和航太業的興趣。戈達德跟齊奧爾科夫斯基一樣，對於脫離地心引力所需要的力道深為著迷，後來打造出世上第一個液體燃料火箭。

同樣地，奧地利的物理學家赫爾曼．奧伯特（Hermann Oberth）十四歲時讀了凡爾納的小說，也是從此迷上太空。他和齊奧爾科夫斯基、戈達德一樣，對凡爾納的計算和公式相當痴迷，後來畢生致力研究火箭技術。

齊奧爾科夫斯基、戈達德、奧伯特的研究為華納．馮布朗（Wernher von Braun）奠定了基礎，他可說是凡爾納最著名的門徒。

一九一二年，馮布朗出生於普魯士小鎮維日斯克（Wirsitz）的富貴之家[1]，有貴族血統，血緣可追溯至法蘭西國王腓力三世和英格蘭國王愛德華三世。童年時期，馮布朗讀到凡爾納的小說，對太空探索產生了極大的興趣。

馮布朗從來不是只會天馬行空幻想的人，他是以實作的方式來實現夢想。例如，十二歲時，他把幾支大型爆竹綁在一輛小木車上，點燃引線，自己迅速退到後方。沒想到，這個早期的登月奇想遠遠超出他最瘋狂的想像，那台車載著熊熊烈火，疾馳前進。遺憾的是，當地警方對於馮布朗試圖擺脫地心引力的勇敢實驗不是那麼感興趣，迅速將他收押。

馮布朗後來終於掌握了火箭動力背後的複雜三角學，他也受到戈達德和奧伯特的研究所啟發，著手設計及製造了液體推進火箭。一九三二年，德國國家防衛軍的軍械部對他的研究產生興趣，主動資助他的研究。馮布朗接受了財務資助，並在二戰期間幫納粹開發出世上第一個彈道火箭武器V－2。馮布朗和他的團隊最初是在德國東北部的佩內明德（Peenemünde）工作（位於波羅的海某個偏遠島嶼上），後來才轉往哈次山區（Harz）著名的米特爾維克（Mittelwerk）地下軍工廠[2]。V－2有大型的彈頭，可以攻擊三百多公里外的目標。據估計，逾八千人在V－2的攻擊中喪生，另有一萬兩千名奴工在米特爾維克的惡劣環境中死亡。

二戰末期，美國和俄國都積極研發彈道火箭，因此招募了一些在開發V－2方面扮演關鍵要角的德國科學家*。馮布朗和手下一百多位最有經驗的工程師被送往阿拉巴馬州的軍事基地，參與一項祕密專案——亦即後來所謂的「迴紋針行動」（Operation Paperclip，他們在獲選進入美國的科學家檔案上夾了一個迴紋針）。他很快就變成美國太空計畫中的關鍵人物。

創意思維與封閉思維

馮布朗開始為美國政府工作之前，趁著空檔寫了一本把太空船送上火星的小說，名為《火星計畫》（*Das Marsprojekt*）。他追隨凡爾納的腳步，盡力確保故事中描述的技術符合科學原理。這本書從未出版，但馮布朗的許多構想後來變成一系列的文章，發表於《科利爾》（*Colliers*）雜誌上，引起大眾的關注，使他成為電視台和廣播節目的常客[3]。

一九五〇年代中期，馮布朗與華特・迪士尼（Walt Disney）合力製作了一部紀錄片，片中描寫太空旅行的未來。《太空人》（*Man in Space*）是一部特別的影片，結合了科學家的火箭技術討論，以及迪士尼的輕鬆動畫。例如，為了說明牛頓定律「每個作用力都有一個力道一樣的反作用力」，卡通畫了一隻小狗坐在光

* 譯注——
其實馮布朗算是戰俘，蘇聯軍隊挺進佩內明德時，他決定投降，但擔心投降蘇聯會遭到虐待，所以改向美軍投降。

滑的地面上打噴嚏，導致整個身體往後移動。該片吸引了四千萬人觀賞，促使馮布朗又為迪士尼做了兩集太空節目。

NASA開始研究實現登月計畫的不同方法時，馮布朗和他的火箭團隊成了必然的關鍵推動者[4]。

在凡爾納的故事中，巴爾的摩大炮協會曾試圖把太空艙直接發射到月球。二戰期間，數千枚V－2火箭是直接飛向目標。同樣地，馮布朗和他的團隊最初考慮的選項之一，也是在地球和月球之間發射火箭（業界術語是「直接起飛」）。這個計畫需要把一艘太空船從地球發射出去，穿越太空，降落在月球上，之後再從月球表面發射，返回地球。遺憾的是，計算結果很快顯示，直接起飛說來容易，實際做起來很難。部分原因在於那需要打造一個巨大的太空船，以容納從地球和月球起飛所需要的大量燃料。

馮布朗和團隊擔心直接起飛無法成功，所以開始探索這個構想的改良版本，名為「地球軌道會合」（Earth orbit rendezvous）。這不需要從地球發射一個巨大的火箭，而是一個多階段的計畫：變成發射幾個較小的太空船和較小的火箭。首先，使用幾個火箭把太空船的多個部分送到地球軌道。接著，那些太空船的多個部分在軌道會合，結合成一個巨大的母船。第三，最後一枚火箭載著大量的燃料進入太空，把燃料轉移給等待的母船。最後，母船前往月球，在月球表面登陸，之後再從月球起飛，返回地球。地球軌道會合不需要從地球發射一個巨大的火箭，但依然面臨一個很大的問題。那個計畫若要成功的話，太空人必須把戰艦大小的太空船反向停放在遙遠的月球上。更糟的是，這種登陸方式必須「尾翼先觸地」，而且太空船也需要載運大量的燃料，以便回程時從月球表面起飛。馮布朗和團隊絞盡腦汁都找不到令人信服的解決方案。

儘管直接起飛和地球軌道會合都有問題，馮布朗的團隊仍堅定地支持這兩項方案。

馮布朗忙著研究如何直接從地球飛到月球時，維吉尼亞州NASA朗格里研究中心（Langley Research Center）的一群年輕工程師正在探索一種截然不同的解決方案。

「你可能會覺得你遇到怪咖」

一九五〇年代，朗格里研究中心的工程師覺得他們對太空探索的理解有些貧乏。他們知道如何讓飛機飛上天空，並在天候良好時，繼續在天上飛行。然而，若要讓太空船在真空中移動，他們對升力、推力、射角的瞭解都派不上用場。上級指派這群年輕的工程師探索這個議題，於是他們開始深入研究天體力學和星際旅行的複雜性。這個小組中最活躍的成員之一，是年輕的工程師約翰．霍伯特（John Houbolt）[5]。

霍伯特在伊利諾州的小農場成長，他跟馮布朗一樣，從小就對飛行產生實作的興趣（小時候他撐開一把傘，讓自己從農場的乾草棚上一躍而起[6]）。霍伯特對數學和工程學很感興趣，後來上大學攻讀技術科學，畢業後加入朗格里研究中心。霍伯特和同仁聽到史普尼克號的消息時，認為美國可能會參與登月競賽，所以他們開始研究確保美國成功登月的最佳方法。

這些年輕的工程師與馮布朗不同的是，他們在二戰期間沒有投入彈道飛彈的研發，所以不會執著於「直接把大型火箭從甲地發射到乙地」的概念，反而對其他的方法抱持更開放的心態。他們仔細分析了多種選項後，得出一套完全不同的計畫。

霍伯特想打造一艘由兩個完全不同的部分所組成的太空船。第一部分是用來安置太空人，以及他們的補給、設備和燃料。第二部分包括一個小型的登月艇，專門用來運送太空人去月球表面及返回地球。根據霍伯特的計畫，太空船的那兩個部分會從地球發射出去，進入太空，繞著月球軌道運行。接著，太空人爬進登月艇，使它登陸月球表面。太空人在月球上漫步後，爬回登月艇，發射登月艇，讓它在軌道上與太空船會合。最後，太空人拋棄登月艇，返回地球。

這個計畫相當聰明，名為「月球軌道會合」（Lunar orbit rendezvous），它避免太空船帶沒必要的重量登陸月球表面。返回地球所需要的燃料和補給，以及安全重返地球大氣層所需要的隔熱罩，都留在繞行軌道的太空船上。此外，霍伯特的計畫促使工程師創造出一個專門為登月設計的指揮艇，也讓太空人在返航前可以丟棄登月艇，進一步減少返航時消耗的燃料量。

馮布朗認為，登月可能需要讓一艘巨大的太空船降落在月球表面。霍伯特則認為，使用較小的登月艇更好。霍伯特喜歡打以下的比喻：馮布朗想打造一輛巨大的凱迪拉克，但他更喜歡尺寸更小的雪佛蘭。[7]

霍伯特深信自己的計畫遠比直接起飛或「地球軌道會合」更好，他也覺得要說服工程同仁很容易。豈料，他過於樂觀。一九六〇年代初，他多次向NASA高層宣傳他的計畫，但每次都遭到各種委員會的否決（他們的評論包括「他根本不知道自己在說什麼」、「他的資料是假的」[8]）。

有些委員認為，在月球軌道上會合，風險太大了。他們擔心出現最糟的狀況（或許也考慮到凡爾納第一個太空故事的驚險結局），怕太空船變成高科技的棺材，不斷繞著月亮旋轉，從此高掛在天際，提醒大家美國任務失敗。有些委員只是對馮布朗團隊提出的傳統方案比較放心。無論霍伯特怎麼努力，NASA的共識仍支持直接起飛或地球軌道會合。

最後，霍伯特為了推動他的計畫，乾脆放手一搏，直接前往NASA總部向NASA的高層闡述他的計畫。他再次得到冷淡的回應，經過長時間的爭論後，他的想法又一次遭到否決。

身為數學家，霍伯特決定訴諸更高的權力，不顧位階的權限，跳過官方管道，直接寫信給NASA一位資深領導人。這個舉動很勇敢，但也可能流於魯莽，搞不好會害他丟了工作。霍伯特在信中一開始就坦言，一些同仁無法認同月球軌道會合的概念，他這種非正統的方案可能讓他顯得有些古怪。

就像在荒野間呼喊、無人理睬一樣，我想談談最近幾個月以來我深深關切的一些想法……由於我們僅短暫碰面幾次，你可能不太瞭解我。可以想見，讀完這封信時，你可能會覺得你遇到怪咖，請不要因此而卻步。

在接下來的九頁書信中，霍伯特闡述阿波羅計畫面臨的挑戰，並說明他為何相信月球軌道會合是可行的巧妙方案。後來又做了幾個月的協商和分析，霍伯特的不屈不撓終於有了成果，包括馮布朗在內的幾位關鍵決策者終於轉念，改用他的計畫。NASA公開宣布那項決定時，霍伯特正在巴黎出差。他的上司跟他握手，恭喜他憑一己之力為美國政府省下了數十億美元。

《時代》雜誌後來說霍伯特是「阿波羅任務的無名英雄」，並指出，如果決策者堅持採用單一巨型火箭的構想，阿波羅計畫可能無法實現甘迺迪在十年內登月的夢想。霍伯特被問及他對阿波羅計畫的貢獻時，常說他一生中最自豪的時刻是阿姆斯壯踏上月球表面的時候。當時霍伯特已經離開朗格里研究中心，但受邀到任務控制中心見證歷史性的一刻。阿姆斯壯踏上月球表面時，馮布朗轉身對霍伯特說：

「約翰，奏效了！」

想出無與倫比的創意

作家齊格．金克拉（Zig Ziglar）有句名言：「登上珠峰的人不是隨便閒晃後，突然發現自己登上了頂峰。」

成功需要計畫。有時前進的道路顯而易見，直截了當，所以需要依循大家常走的途徑。然而，面對看似不可能實現的目標時，像霍伯特那樣做往往很重要——你需要拋棄傳統，另闢蹊徑。

我們來做個練習。快速瀏覽底下六個街道圖，從每張圖中找出從A到B的最短路線。

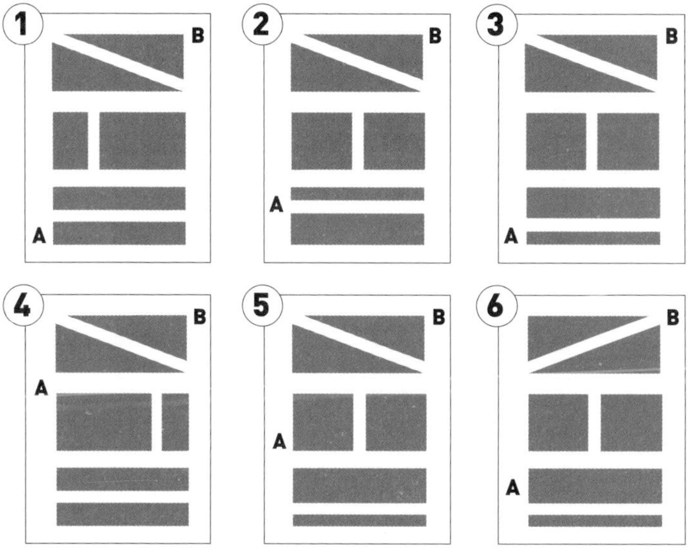

這個練習是以心理學家在二戰後所做的研究為基礎[9]。你可能已經注意到，每張圖都有一條對角線。在前五張圖中，對角線的方向不會幫你快速到達終點。但是在第六張圖上，對角線的方向改變了，所以可以用來抄近路。遺憾的是，大家常因前五張圖的引導而忽略了對角線，因此沒看出第六張圖的最快路徑。研究人員將這種奇怪的現象稱為「心態效應」（Einstellung effect）。

這種效應差點阻止阿波羅計畫的實現。二戰期間，馮布朗研發的是直接擊中目標的導彈。就像很多人看不見第六張圖的對角線捷徑一樣，馮布朗的團隊可能也沒發現，他們的戰時經歷多多少少造成他們忽視登月的其他途徑。

可惜的是，我們都很容易受到心態效應的影響。從科學家到學生，從設計師到軟體開發者，從企業家到工程師都是如此，一旦我們找到一種解決問題的方法，往往會忽視其他的選項，即使是最顯而易見的解方，也可能視若無睹。

這種思維不是創新的唯一阻礙。二〇一六年，心理學家艾登・葛列格（Aiden Gregg）做了一項簡單但有趣的實驗，實驗涉及一顆想像的行星[10]。他要求數百名參試者想像他們在一個遙遠的星球上生活，那裡住著兩種生物：尼菲特（Niffites）和萊派特（Luppites）。他請一半的參試者想像是自己想出底下的理論：尼菲特是掠食者，萊派特是獵物。他告訴另一半參試者，一個叫艾利克斯的人想出這個理論。接著，他請每個人評估支持或反對該理論的證據。

參試者相信自己想出那個理論時，他們會固執地抗拒那些推翻理論的證據。

馮布朗的團隊比較喜歡「發射單一巨大火箭」的想法，部分原因在於那是**他們的**構想。就像那些想像自己想出上述理論的人一樣，他們因此不願放棄自己鍾愛的計畫。霍伯特因為沒有這些包袱的羈絆而挽救了大局。他不願受到共同想法的束縛，也不會因為點子是自己想出來的而過於執著。他質疑傳統思維，客觀地探索其他方案。

同樣的創新思維也改變了世界。在亞歷山大・葛蘭・貝爾（Alexander Graham Bell）發明電話以前，大家習慣以電報做遠距聯繫。在柯達公司的工程師發明世上第一台數位相機以前，大家習慣用三十五釐米的底片拍照。在提姆・柏內茲・李（Tim Berners-Lee）發明網際網路以前，幾乎每個人都習慣從教科書尋找事實和資料。在三位年輕的創業者發明YouTube以前，一家人常擠在電視機前面看節目。

我們很容易以為，這些有創意的影響人物異於常人，以為他們開發全新點子和計畫的能力是與生俱來的，但事實真的如此嗎？

我們來做第二個練習。想像一下，有人給你一把迴紋針，要求你盡量思考它們的用途，愈多愈好。給自己五十九秒的時間，看你能想出多少用法。

你想出幾個？也許你想到把迴紋針折成「生日快樂」的字樣，然後用來裝飾蛋糕。也許你想到把幾個迴紋針串在一起，變成可愛的手鐲。或者，你不巧弄丟了襯衫的扣子，你可以用迴紋針先鉤住。你也可以把迴紋針當書籤用，使用多支迴紋針來縮短裙子的下襬，或是把迴紋針用在最原始的地方：拿來夾一疊紙。

心理學家發現，這個看似簡單的測試，卻可以準確地衡量一種重要的創意形式：擴散性思考（divergent thinking）。擴散性思考是對一個問題提出許多可能的解決方案，你可能已經料到，這正是創新與發明的關鍵。多年來，研究人員開發出一些擴散性思考的測試，並把它們運用在大量實驗中。有些研究是測試數千位兒童和成人的得分，以瞭解他們一生的創意變化[11]。研究顯示，年幼的孩子往往有驚人的創意，但他們到了九、十歲的時候，這種高度創意突然急速陡降（美國的研究人員稱這種現象為「四年級掉落群」）。成年後，一般人的創意通常會回升一些，但難以達到幼年時期的創意顛峰。有些研究人員把「四年級掉落群」歸咎於現代的教育體系。他們認為孩子剛上小學時，學校鼓勵他們玩耍及發揮創意。然而，隨著時間經過，大家日益鼓勵孩子思辨，而不是發揮創意。他們面對的問題只有單一解答，大人也鼓勵他們找出那個正確解答。簡言之，大人鼓勵他們長大，停止玩樂，開始循規蹈矩。

無論原因是什麼，幸好，要找回內心深處那個充滿創意的童心，讓創意再度自由馳騁並不難。事實上，你可能已經往正確的方向改變了。前一章提過，任務控制員的動機不是金錢，而是熱情，這可能有助於他們發揮創意。研究顯示，付錢請人發揮創意，反而會縮限創意；讓人對事情產生熱情，更有可能激發創新[12]。如果你真的很想實現夢想，你更有可能想出創新的點子和計畫。而且，更棒的是，有些研究已經找出一些簡單的方法，可以進一步提升你的創意。你可能以為這些技巧包括在牆上貼一張鼓舞人心的海報，穿上阿拉伯長袍，或試著與內心的藝術家聯繫，其實這些方法都沒有效果。相反地，你可以試著抗拒誘惑，採用逆向思考，瞭解「少即是多」，放輕鬆一下。

或者，你也可以用那些迴紋針幫孩子的洋娃娃做一些小衣架。

抗拒誘惑

看一下底下六種動物：

狗
海豚
金魚
蛇
熊
老虎

現在以一種最有趣的方法，把它們分成兩組，每組有三隻動物。請寫下你的分組方式。為什麼你覺得你的分組方式最有趣呢？是因為那樣的分組特別實用、符合科學定義、很好笑、很聰明、有創意或創新嗎？請簡單寫下你的理由。

現在，你開始以某種方式看世界了。在你的腦中，你的動物分組方式正慢慢地變成主要的想法依據，並阻止你看出其他的分組方式。不僅如此，你也開始愛上你的答案，因為它是來自你的內心深處、你的大腦。遺憾的是，就是這種想法導致馮布朗的團隊執著於他們的登月計畫，不願改用霍伯特的更好提案。

要避免這種想法很簡單，事實上，我們現在就能做到。試想，有人告訴你，你的分組不錯，但還有更有趣的分法，請再想出三種分法。

大家做完這個練習時，通常會得出很多種分法。例如，他們可能把動物分成寵物和野生動物；有皮毛和沒皮毛的動物；有四條腿或沒有四條腿的動物。你願意花時間相處和避之唯恐不及的動物；大型動物和小型動物；可在水中生存三十分鐘和不能在水下生存三十分鐘的動物；魯德亞德．吉卜林（Rudyard Kipling）《叢林奇談》（*The Jungle Book*）中的動物和不在那本書裡的動物，這種例子不勝枚舉。

你想為目標和抱負想出創新計畫時，不要堅持腦中第一個冒出的想法。即使那個想法似乎是最棒的，也要強迫自己多想幾個替代方案。第一個冒出的想法可能碰巧被你矇對了，但是在落實那個想法以前，最好對其他的選項和可能性保持開放的心態。法國哲學家埃米爾・沙爾捷（Emile Chartier）曾說：「當你只有一個想法時，那是最危險的。」

少即是多

一九五四年，《生活》（*Life*）雜誌批評學校用來教孩子閱讀的書籍《與迪克和珍同樂》（*Fun with Dick and Jane*），說那本書很無聊，又鼓勵使用一些語意模糊的雙關語。面對這番批評，一家出版商請作家希奧多・蓋索（Theodor Geisel，又名「蘇斯博士」）從一年級學生的詞彙表中挑選兩百五十個單字，並用那些單字創作一本有趣的兒童讀物。一九五七年，蓋索的《戴帽子的貓》（*The Cat in The Hat*）在短短幾年內狂銷了約一百萬冊（這本書原本是寫一隻母貓，但queen那個字不在詞彙表中）。

幾年後，另一位出版商與蓋索打賭五十美元，說他不可能只用五十個字寫出第二本暢銷書。蓋索再次大顯神通，推出《綠火腿加蛋》（*Green Eggs and Ham*），結果銷量突破八百萬冊。每一次，蓋索都使用一種很有效的創新工具。

一般人常以為，擁有的資源愈多，愈容易創新，但研究顯示事實正好相反。幾年前，倫敦城市大學的愛琳・絲科佩利蒂（Irene Scopelliti）研究了預算限制對創新的影響[13]。研究人員給參試者一份清單，上面列了二十個物品，並告訴他們每個物件的價格。接著，他們請一些參試者盡量挑選喜歡的物件，並用那些物件來創作新的兒童玩具。另一些參試者也可以挑選任何物件，但有預算限制。第一組參試者挑了較多的物件，但第二組參試者創作出來的玩具更新奇有趣。

「少即是多」的技巧不僅簡單，也很強大。我們現在就來試試看。

首先，想像一下，你的夢想是經營一家義大利餐廳。你想研發一種新披薩，讓你的餐廳一舉脫穎而出。你會研發出什麼？想像你只有平常用來做披薩的一半麵團或一半配料，你會發明出什麼新披薩？

第二，想像你一直想擁有一家畫廊，渴望舉辦開創性的展覽，但你舉辦展覽的預算很少，你會怎麼做？

一般人做完這個練習後，通常會變得特別有創意。例如，他們可能做出圓錐狀的立體披薩；以圓弧外皮把餡料包在中間的披薩；幾個小披薩；中間有個麵糰，麵糰旁邊圍著餡料的披薩。至於藝術展那個例子，他們可能請藝術家直接到會場的牆上作畫，藉此節省畫布和畫框的成本；找商業贊助商，在展示的畫作中置入贊助商的商品；邀請大眾帶任何藝術素材來，自己創作展覽。

想要發揮創意，切記「少即是多」。想像你只有一半的預算或資源，或距離截止日期只剩一半的時間，你會想出什麼創新方案？

登月祕訣

逆向思考

霍伯特的「月球軌道會合」幾乎與馮布朗的「直接起飛」和「地球軌道會合」完全相反。馮布朗喜歡使用巨大的太空船，霍伯特則選擇登月小艇。馮布朗執意使用一枚大火箭，霍伯特則主張使用多重組件的飛行器。馮布朗熱衷於直接登月，霍伯特專注於軌道會合。

霍伯特的巧妙解方是「逆向思考」的完美例子。簡言之，想要發揮創意，就是先看其他人在做什麼，然後反其道而行。如果每個人都想做很大的東西，你就做小的。如果每個人習慣做得很慢，你就做很快。如果每個人都往上發展，你就往下發展。

思考創新方案時，用逆向思考來幫你打破傳統，另闢蹊徑。

放輕鬆

看底下四個謎題：

①一個遙遠的星球上發現了一種新植物。它的占地面積每二十四小時會翻一倍。某天，天文學家發現一個隕石坑的中央長了一株這種植物，只要六十天的時間，它就能完全覆蓋那個隕石坑。請問那種植物在第幾天會覆蓋隕石坑的一半？

②尼爾和巴斯是朋友，兩人相處融洽，但他們有個怪癖。他們在同一個房間時，尼爾堅持坐在巴斯的後面，但巴斯也堅持坐在尼爾的後面。如何解決這個看似不可能的狀況，讓他們皆大歡喜呢？

③想像你是一個中世紀的騎士，你帶著一支五呎長的長矛來到一座城堡。守衛告訴你，任何人都不准攜帶逾四呎的物件進入城堡。你當然不太高興，但你想到一個變通辦法。你到鎮上找當地的木匠，請他幫你做一個東西。接著，你回到城堡，守衛就讓你進去了。更妙的是，你的長矛還是完整的，沒有砍斷。你是怎麼做到的？

④魔術師說，他可以讓一顆乒乓球移動一小段距離，然後停住，再反方向移動。魔術師說，他不是把球彈到任何物體上，也不是把球黏在任何東西上。他是怎麼辦到的？

現在給自己三分鐘的時間，解開這四道謎題。解不了幾題，或甚至連一題都解不開也沒關係。開始吧！

謎題1：＿＿＿＿＿＿

謎題2：＿＿＿＿＿＿

謎題3：＿＿＿＿＿＿

謎題4：＿＿＿＿＿＿

現在休息一下，我們來看這些練習。創意研究人員在數百項研究中，以這類謎題來考驗參試者。[14]他們要求有些參試者在六分鐘內想出答案，要求另一些參試者在三分鐘內想出答案，之後休息一下，再繼續思考三分鐘。你可能已經發現，你屬於第二組參試者！現在請你再次思考那四個謎題。

再給自己三分鐘，看看這次的結果。

謎題1：＿＿＿＿＿＿

謎題2：＿＿＿＿＿＿

謎題3：＿＿＿＿＿＿＿＿＿＿＿＿＿＿＿＿

謎題4：＿＿＿＿＿＿＿＿＿＿＿＿＿＿＿＿

結果如何？若你還是想不出其中一題或多題的答案，底下是解答：

謎題1：第五十九天，因為第六十天的面積會翻一倍。

謎題2：讓尼爾和巴斯背對背坐著。

謎題3：你請木匠做一個長四呎、寬三呎的箱子，把長矛斜放在箱子裡。

謎題4：魔術師把乒乓球拋向空中。

儘管兩組參試者思考謎題的時間一樣長，中間短暫休息的人答得比較好，這就是所謂的「醞釀效應」（incubation effects），這似乎是因為大腦在休息時間也會不知不覺地解謎。研究也顯示什麼時候醞釀效應特別有效[15]。

首先，你必須先解題之後再休息，你愈努力解題，休息時的醞釀效應愈大。霍伯特和同仁提出月球軌道會合的想法之前，他們花了幾個月的時間，仔細思考怎樣把人送上月球最好。這種思考只是冰山一角。早在童年時期，許多參與阿波羅計畫的科學家和工程師就很愛玩建築玩具、製作模型飛機、自製玩具火箭，撐開傘從草堆上跳起來。表面上看來，那些玩意兒看似兒戲。事實上，那些經歷都是學習過程的一部分，為醞釀效應提供了素材。

第二，休息時，做不需要費神的輕鬆活動，效果特別好。例如，你可以學賈伯斯、馬克．祖克伯（Mark Zuckerberg）、傑克．多爾西（Jack Dorsey）那樣去散步。史丹佛大學的心理學家瑪麗莉．奧佩佐（Marily Oppezzo）測量參試者坐在書桌前或在跑步機上行走時的創意。結果發現，參試者走路時的創意績效比坐著時更好，走路時的創意產出平均多了60%。不僅如此，走路的創意效應還可以維持很久，即使走路者後來坐下來，他們依然保有提升的創意[16]。

如果散步不適合你，你可以考慮打個盹，洗個澡，冥想一下，睡一覺，去泡一下漂浮池，畫一下著色本，發呆或做白日夢。對霍伯特來說，隨時隨地都有可能靈光乍現，所以他常把腦中突然閃過的念頭記在身邊任何可寫的平面上，包括購物袋、信封，至少有一次是寫在浴缸的側面。

此外，研究也佐證了放鬆的效果。例如，盧貝克大學（University of Lübeck）的烏里希．瓦格納教授（Ullrich Wagner）做了一項研究，他給參試者一串數字，請他們以其他的數字來替換某些數字[17]。參試者並不知道有一種創新方法可以迅速地完成這項單調乏味的任務。他請一些參試者晚上開始做這項任務，之後去睡覺，隔天早上再繼續完成任務。他請另一些參試者一大早就開始做這項任務，中間休息一下，晚上繼續完成任務。值得注意的是，中途去睡覺的參試者中，有60%的人發現那種創新的解題法。持續保持清醒的參試者中，僅23%發現那種創新的解題法。

萬一你無法睡滿八小時，別擔心。其他的研究顯示，中午小睡片刻就可以讓人變得更有創意[18]。難怪現在有一些享譽全球的卓越公司鼓勵員工上班時小睡片刻，例如Google、Nike、班傑利（Ben and Jerry's）。

說到創新，請記得醞釀效應。花一些時間思考怎麼解題，接著去找朋友或同事聊聊，上網搜尋，或閱讀相關主題以尋找靈感。當你覺得你已經絞盡腦汁時，先擱下問題，出去走走，上床睡覺，打個盹，讓潛意識來發揮效用。

摘要

多想幾個選項，再讓最好的想法勝出，通常很重要。而且想法愈創新、愈有原創精神愈好。你可以用以下的方法來增加創新的想法：

- 避免直接去執行腦中第一個浮現的想法。逼自己多想一些點子，確保自己在想到最合適的點子之前，不要愛上任一個點子。
- 切記，少即是多！想像你的資源、時間、精力或資金都只剩下現在的一半，你會怎麼做？
- 運用逆向思考。找出別人怎麼做，然後考慮做相反的事。
- 放輕鬆。投入計畫和想法一陣子後，先擱著，休息一下，洗個澡或睡個覺。然後再回到問題上，看腦中浮現出什麼新想法。

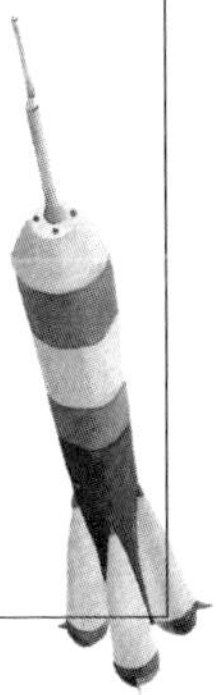

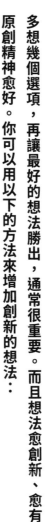

登月祕訣

來一杯創意

這是另一個激發創新的快速方法。

北京大學的研究人員最近找來一群參試者，他們先讓一半的參試者喝一杯茶[19]。接著，要求所有的參試者用兒童積木做出一個有吸引力的形狀，並為一家拉麵店想一個新店名。

之後，他們請另一組人來評估參試者設計的積木形狀和店名多有創意。值得注意的是，喝過茶的參試者遠比不喝茶的參試者更有創意。

許多研究人員認為，這種效果可能是因為喝茶讓參試者比較放鬆，使他們的腦中更容易浮現有創意的想法。

無論是什麼原因，當你想要思考創新計畫時，可以先泡杯茶。

3.

「我們不知道這是不可能的。」

認識那個對一群年輕人寄予厚望的賢能領導者；
發現相信自己的效益。

甘迺迪向世界保證，美國將在十年內登上月球。火箭科學家針對幾項任務的成敗進行了辯論，創新的霍伯特想出一個充滿創意又巧妙的計畫。雖然計畫有所進展，但一個關鍵問題依然存在：誰來實現甘迺迪的願景？

蘇聯突然發射人造衛星史普尼克號時，把美國政府嚇了一跳。美國擔心蘇聯可能即將把人類送上太空，於是連忙建立自己的載人航太計畫。一開始的計畫規模很小，是由幾位科學家一起參與一項祕密專案，名叫「人類最早進入太空計畫」（Man In Space Soonest，簡稱MISS）[1]。一九五八年，美國政府決定在太空探索上投入更多的資源，於是成立「美國太空總署」（NASA）。

幾個月後，這個新機構就啟動一項雄心勃勃的計畫，目的是把人類送上地球軌道，藉此恢復美國日漸衰落的聲譽。這就是「水星計畫」（Project Mercury），這個計畫若要成功，顯然需要先找到有意願參與的太空人。那個太空人必須坐在裝滿燃料的火箭裡，進入太空，承受無重力狀態，在太空船以數千公里的時速重返地球大氣層時，承受驚人的高溫。

水星計畫的管理高層曾想過招募馬戲團的雜技演員來擔負這個重任，但後來他們把注意力轉向試飛員。

適配特質

潛在的人選必須至少有一千五百小時的飛行經驗，未滿四十歲，擁有工程或相關專業的學位，身高不超過一百八十公分（以便進入小太空艙）。在仔細檢視五百多位軍事人員的資料後，一些有希望的人選收到一則最高機密的訊息，要求他們前往華盛頓特區一個神祕的地址報到。約三十位人選通過初步的篩選面試，並受邀做一系列廣泛的體檢和心理測試。

當時，一些科學家擔心太空探索可能對人體產生可怕的影響。有些科學家預測，光是無重力狀態就有可能使太空人的眼球變形，難以吞嚥，並導致長時間嘔吐。因此，水星計畫的管理者一心只想招募身體狀況最好的人，所以他們開始仔細探索那些人選的身體各部位。在測試中，那些人需要轉動眼球，在漆黑的隔音室裡待上好幾個小時，並以驚人的速度旋轉。在這些辛苦的測試之間，也會穿插一些比較簡單的任務，例如測試他們可以把雙腳放在冰水裡多久，可以連續吹幾個氣球。

第二組測試的目的，是為了確定這些人選有沒有適切的心理素質[2]。這些測驗是用來評估應試者因應壓力、克服恐懼、在壓力下工作的能力。有些測試其實不太可靠，例如他們請應試者看隨機的墨跡，說出腦中浮現的圖像，藉此判斷他是否潛意識有尋死的念頭。有些應試者難以認真地看待這些測試，拒絕遵守測試規則。在一次令人難忘的墨跡測試中，主考官要求應試者皮特．康拉德（Pete Conrad）看一張空白卡片並描述腦中的圖像。他沉默了一下，接著平靜地告訴心理學家，他把那張空白卡片拿反了。

最後僅七位應試者符合標準，其中包括注定成為第一個進入太空的美國人艾倫．雪帕德（Alan Shepard）。這七人就是所謂的「水星七傑」（Mercury Seven），他們的身體狀況都很好，都有非常穩定的心理素質，臨危不亂。太空人面對「水星計畫」的最新技術時，臨危不亂的特質常發揮作用。例如，一九六〇年，這七位太空人參加一場無人火箭的發射，那種火箭將會用來載運他們進入太空。但那次發射是一次重大的失敗，火箭升空幾秒後就爆炸了。看了可怕的爆炸後，雪帕德平靜地轉向同事說：「嗯，很高興看到他們把那個東西淘汰了。」[3]

一九六一年四月十二日，蘇聯太空人尤里．加加林（Yuri Gagarin）成為第一個上太空的人類時，美國的太空計畫再次遭到打擊。蘇聯的時區比美國早幾個小時，清晨四點，一位記者把水星計畫的公關人員吵醒，請他發表評論。那位睡眼惺忪的發言人說，他對加加林的歷史性飛行一無所知，並表示：「我們都還在睡覺。」世界各地的報紙都報導了那段評論，導致全美再次感到顏面無光。

不到一個月後，雪帕德和太空船「自由7號」（Freedom 7）肩負起挽回國家顏面的重任。一九六一年五月五日，雪帕德穿上銀色的緊身太空裝，爬進「自由7號」，準備從地球表面升空。記者後來問雪帕德，他躺在巨大的火箭頂端時，腦中在想什麼，他打趣回應：

「這艘太空船的每一部分都是由投標最低的承包商製造的。」[4]

發射計畫經過幾次長時間的延遲後，雪帕德終於離開地球，承受超過6G的加速度（使他的身體感覺像正常體重的六倍）。進入太空後，雪帕德只能透過一個小型的潛望鏡觀察周圍的環境。在發射延遲期間，他在潛望鏡的鏡頭上放了一個灰色的濾光片，以防陽光太刺眼。但後來他忘了拿下濾光片，所以美國第一位太空人透過潛望鏡往外看時，他幾乎什麼也看不見[5]。為了不讓數百萬觀賞電視直播的觀眾失望，雪帕德看著前方那個奇怪的灰色斑點時驚嘆：「好美的景色！」

那次飛行僅持續十五分鐘，只簡單地「飛上及飛下」一次軌道。「自由7號」在回程中搖晃地穿過大氣層，安全重返地球。世界各地的報紙都在頭版刊登了這位藍眼太空人的照片。《新聞日報》（*Newsday*）：「咱們雪哥辦到了！」《每日新聞》（*Daily News*）：「精彩旅程！」《芝加哥每日新聞》（*Chicago Daily News*）：「太空躍進大成功！」

打造「領導實驗室」

說到太空探索，像雪帕德那樣勇敢的太空人理當成為主角。但深入挖掘任務檔案後，會看到另一批人迅速浮現。這些人避開了所有的鎂光燈，靜靜地站在幕後就很滿足。一般人不太會聯想到他們和登月計畫的關係，但他們對整個計畫的成功卻有舉足輕重的地位。他們的存在多虧了克里斯・克拉夫特（Chris Kraft）的聰明才智和勤奮努力。

一九二四年，克拉夫特出生於維吉尼亞州菲布斯（Phoebus）的平凡人家[6]。當時菲布斯是個貧困的鐵路小鎮，垃圾場就在他家後院的旁邊。克拉夫特的童年記憶是看著工人焚燒成堆的垃圾，觀望濃煙直沖天際。在菲布斯，勤奮努力是一種生活方式。他放學後，除了忙著為貨運列車卸載以外，也會到當地的商店打工。

克拉夫特在他的精彩自傳《飛行》（*Flight*）中，提到他受到高中數學老師的啟發（「只要思考你這輩子想要什麼，你就能辦到」），因此意識到更豐富的人生等著他去開創。後來他在維吉尼亞理工大學取得航空工程的學位，接著在朗格里研究中心找到工作，負責研究飛航技術。一九五〇年代末期，美國政府希望鼓勵國內一些航空專家把注意力轉向太空科技。克拉夫特挺身而出，致力幫美國在航太領域扳回日益衰落的聲譽。克拉夫特後來開玩笑說，他的全名克里斯多夫・哥倫布・克拉夫特二世（Christopher Columbus Kraft Junior）可能意味著他注定一輩子探險。

美國的太空計畫開始發展時，克拉夫特迅速晉升。一九六一年一月，克拉夫特發射了一枚火箭，載著一隻名叫漢姆（Ham）的黑猩猩（Ham是以照顧牠的「霍洛曼航太醫學中心」〔Holloman Aerospace Medical Center〕的名稱縮寫命名的），做了十六分鐘的次軌道飛行。漢姆的太空任務很成功，這使得雪帕德的太空任務得以放行。雪帕德聽到他即將啟程的消息時，打趣道：「我猜他們把能用的猴子都用光了。」7

克拉夫特幾乎是打從登月計畫一開始就意識到，任務的成功有賴地勤人員迅速為太空人提供即時的追蹤與支援。克拉夫特也知道這些人必須全部集中在一個房間裡，並和工作上使用的顯示器、控制台、螢幕共處一室。在水星計畫的初期任務中，這個房間比較小，是設在佛羅里達州的卡納維爾角（Cape Canaveral）。一九六五年，那個房間擴建成任務控制中心，接著移到德州休斯頓的載人太空船中心。多年來，這個如今已成為經典的地方有很多暱稱，包括「大教堂」、「宮殿」和「領導實驗室」。

克拉夫特需要為任務控制中心招募人才，以便把看似不可能的任務化為可能。水星計畫的太空人歷經極度挑戰、艱難又冗長的選拔流程，承受了不可思議的考驗，坐在冰冷的水盆中，又被要求解釋無數的墨跡。最後入選的少數幾位太空人都是來自軍方，身體健康，能夠在極端壓力下執行任務，年齡近四十歲，已婚。整體而言，他們都是來自不錯的中產階級家庭。但是在招募任務控制員時，克拉夫特考慮的是另一種類型的人才。

尋找適合的人才

克拉夫特知道未來的道路很艱辛，但他曾遇過逆境並設法找到出路。或許是因為他急於按照自己的形象來打造一支團隊，他特別喜歡找出身普通、但已經闖出一些名堂的人。他們勤奮努力，創造自己的運氣，懂得想像更光明的未來，而且有能力做出改變。克拉夫特挑選的許多人才來自農村和農業背景，往往是家中第一個上大學的人。他們工作認真，對太空探索充滿熱情，渴望接受艱巨的挑戰。

也許最重要的是，他們是一群願意發展、成長、學習的小伙子，而且出奇得年輕。事實上，阿姆斯壯在月球上漫步時，任務控制中心的員工平均年齡僅二十六歲。

傑瑞．博斯蒂克（Jerry Bostick）是克拉夫特挑選的典型人才。博斯蒂克在密西西比州鄉下的小型家庭農場成長，小時候常從早工作到晚，幫助種植棉花和玉米[8]。他很快就養成家人那種勤奮努力的工作習慣：

> 不管做什麼工作，一定要做得比別人好。你可以完成任何事情，但你必須勤奮努力。

他十幾歲的時候，除了每天在農場上幹活以外，還要送報，去加油站打工，晚上到電影院賣爆米花。

博斯蒂克曾在美國眾議院擔任信差和門衛。從國會信差學校（Capitol Page School）畢業時，他是畢業生致詞的代表，隨後進入密西西比州立大學，取得土木工程學位，畢業後在NASA朗格里研究中心找到工作。但令他失望的是，他被分配的專案比較偏重創意發想，而不是實際的問題解決。

他和當時的許多工程師一樣，受到甘迺迪登月夢想的激勵，所以求職時刻意申請太空相關的專案。遺憾的是，在面試過程中，面試官告訴他，朗格里研究中心想招募的是航空專家，而不是土木工程師。不過，走出面試室時，博斯蒂克碰巧遇見克拉夫特，兩人聊了起來。過了一會兒，克拉夫特做出倉促的決定，要求面試官給博斯蒂克一個職位：「快雇用他吧，我們可能需要有人勘測月球。」博斯蒂克慢慢地在組織裡晉升，最終被升為一個團隊的負責人，那個團隊負責確保阿波羅太空船朝正確的方向前進，名為「任務控制中心的飛行動力部門」。博斯蒂克幫甘迺迪實現夢想時，年僅二十九歲。回首過去，博斯蒂克發現年輕的任務控制員是一群樂觀的人：

> 他們決定錄取一群大學剛畢業的年輕人，因為我們不知道這是不可能的任務！他們要求我們找出登月的方法時，我們就馬上去做了。我還記得當時心想：「登上月球，然後活

著回來，那實在有點誇張。」但總統以一句話設定了明確的目標，就靠我們來實現了[9]。

克拉夫特的人才招募方式奏效了，水星計畫的規模持續壯大。一九六一年七月，太空人古斯．葛利森（Gus Grissom）追隨雪帕德的腳步，做了第二次的次軌道太空飛行。一九六二年二月，約翰．葛倫（John Glenn）成為第一個進入軌道的美國人，花了近五個小時繞著地球飛行。在接下來的幾個月裡，太空人在太空中度過的時間持續拉長。人稱「高多」的高登．庫珀（Gordon Cooper）最後創下了新的美國紀錄，環繞地球飛行約一天半的時間。雖然這個專案非常成功，但許多任務並不順利。例如，庫珀做第十九次軌道飛行時，他的尿液收集系統發生滲漏，太空艙內因此覆蓋了一層多餘的水霧，導致幾個系統短路及關閉，使艙內的氣溫和二氧化碳的濃度上升，情況危險。庫珀被迫嘗試手動操作機器以重返大氣層，依靠手錶及對恆星構造的瞭解來引導太空船降落。驚人的是，他降落的地方距離原定從海上接他的海軍艦艇不到六．五公里，創下濺落精準度的新紀錄。

水星計畫於一九六三年結束，大家開始把注意力轉向第二個計畫，該計畫的目的是把兩名太空人送入太空，名為「雙子星計畫」（Gemini這名稱源自於太空船容納兩人，如星座的雙子座有雙胞胎的意思）。在一九六四年至一九六六年間，共十名太空人環繞地球軌道飛行，這些任務的焦點包括幾次太空漫步、會合、靠接。

在短短幾年內，美國的太空計畫跟蹌地邁出了登月的第一步。這些成就主要是歸功於太空人的勇敢和參與專案的數千位工程師與科學家的技能。不過，克拉夫特可說是這一切的核心，他不僅創造出任務控制中心的概念，也為任務控制中心招募了一支傑出的團隊。這些人來自普通的家庭，習慣勤奮努力及克服逆境。他們對於登月任務充滿了熱情，而且出奇得年輕，甚至不知道這項任務幾乎是不可能完成的。他們即將面臨人生中最艱難的挑戰。

登月祕訣

噩耗

一九六三年十一月二十一日，甘迺迪造訪休斯頓的載人太空船中心，並談到美國將把世界上最大的火箭發射到太空。甘迺迪一時口誤，提到這枚火箭將「載運最重的薪酬（payroll）……我是指載荷量（payload）」。總統停頓了一下，接著又補充說：「那也是最重的薪酬！」

翌日，總統搭車行經德州達拉斯的迪利廣場（Dealey Plaza）時，不幸遭到暗殺，全美為之震撼。然而，他的願景就像是一座燈塔，繼續激勵著任務控制中心。誠如博斯蒂克所言：「甘迺迪遇刺後，我們加倍努力，更加堅定我們想要實現他的目標。我們沒有枯坐在一起討論他的死訊，但那件事情對我們來說非常重要。我們都知道我們需要做什麼。我們要幫太空人登上月球。」[10]

如果阿波羅計畫僅依靠甘迺迪的領導，可能會陷入困境。相反地，這個計畫是從他的非凡遠見中成長茁壯起來，所以能夠繼續前進。

這段插曲說明了計畫受到熱情驅動的另一個好處：那股熱情會持續激勵大家，即使領導者和遠見家已經離開、退休或去世，大家依然深受鼓舞。

相信自己的效益

「不管你認為你做得到，還是做不到，你都是對的。」

——亨利・福特（Henry Ford）

我們先以一道幾何題來做一個快速的思想實驗。請看底下這張發射台的圖。

如你所見，發射台的一側長九米，另一側長十五米，A點和B點之間的距離為十米。你需要買柵欄把發射台的四周圍起來。你認為你有足夠的資料算出你需要多少柵欄嗎？在你回答之前，你需要知道，你不能使用量尺、查閱書籍或詢問朋友，而且你只有兩分鐘的時間可以答題。你覺得你可以想出正確答案嗎？

我們等一下再回頭來看這個思想實驗。先來認識一下傳奇的心理學家亞伯特・班杜拉（Albert Bandura）。

班杜拉生於一九二五年，在加拿大北部的小鎮成長。由於家境貧寒，家裡食指浩繁，他很快就意識到他只能靠勤奮努力、自

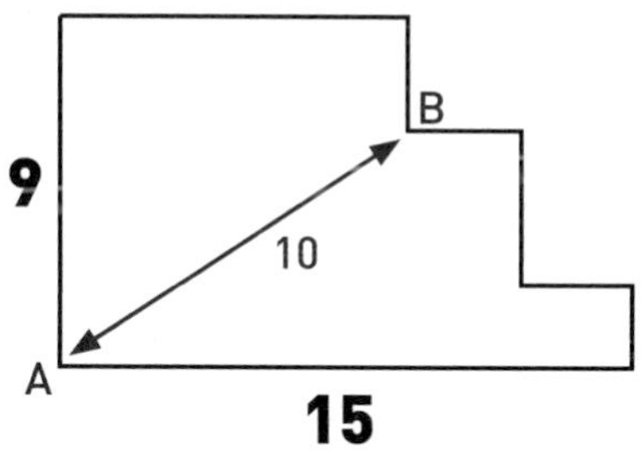

力更生、堅持不懈，才能出人頭地。高中畢業後，父母鼓勵他出去闖蕩，看外面的世界。他認真聽取了他們的建議，設法找到一份暑期打工的工作：在阿拉斯加高速公路上填補坑洞。在打工的過程中，他注意到其他的工人有酗酒和賭博的惡習，因此開始對心理方面的議題產生濃厚的興趣。接下來那幾年，他拿到各種心理學的資格，最終在史丹佛大學取得教職。在史丹佛大學任教時，他花了二十幾年探索成功的科學。前面那個思維實驗就是以他的開創性研究為基礎。

剛剛我問你，你覺得你能解開那個幾何題嗎？

有些人對於自己的解題能力很悲觀，他們這樣想時，通常連試著去解題都不會做。即使他們試了，只要一遇到困難，就馬上放棄。因此，他們最初的悲觀變成了自我應驗預言，最後以失敗告終。甘迺迪在國會發表登月演說時，曾說過一句令人難忘的話：「雖然我們無法保證哪天能拔得頭籌，但不做的話，我們絕對會墊底。」

對成功抱持樂觀態度的人則恰恰相反。在相信自我的動力推動下，他們願意開始解題，而且更有可能堅持下去。如此一來，他們比較有可能發現，那個問題不像乍看之下那麼棘手，或更容易發現解題的創新方法。例如，試著解上述的幾何題時，樂觀者可能經過一番思考後，很快就注意到一個非常簡單的解題方法。你可以忽略A到B的距離，那只是障眼法。接著，你只要想像把這兩條水平線向上移，然後，把那兩條垂直線向右移，如此一來，你就會得到一個完美的矩形。

現在可以明顯看出發射台的周長是四十八米（兩條九米長的邊，加上兩條十五米長的邊）。你根本不需要具備任何幾何知識——只要肯開始解題，花點時間思考，幾乎每個人都能想出答案。

班杜拉對這個簡單但強大的想法很感興趣[11]。他推測，一個人認為自己不具備完成任務的條件時（他稱之為「低自我效能」），他會覺得連嘗試都毫無意義。而且，即使他設法啟動

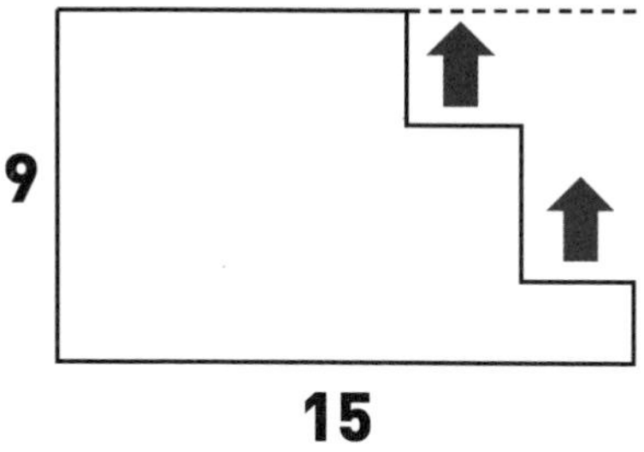

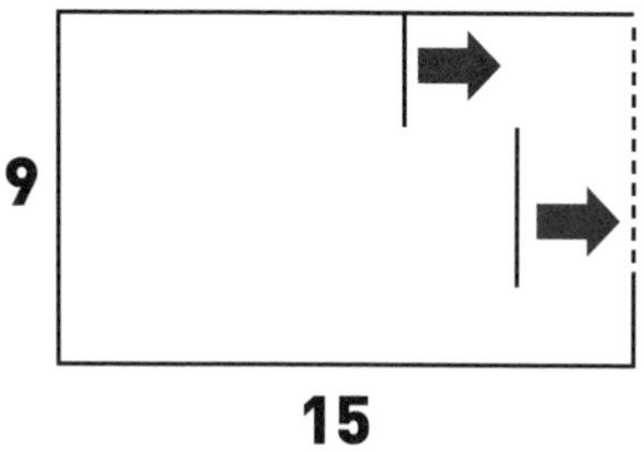

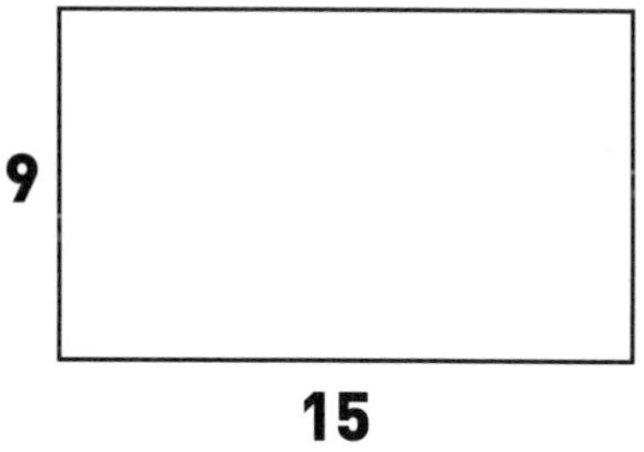

了，只要遇到障礙，他就很容易放棄。認為自己能辦到的人則恰恰相反，一個人認為自己有適配的特質，所以預期自己能辦到時（亦即「高自我效能」），他更有可能開始嘗試，遇到障礙時也更有可能堅持下去，並發現持續邁進的新方法。

因此，班杜拉預測，人們對自己未來表現的信念，在日常生活的各方面幾乎都會變成自我應驗預言。數千項研究的結果也顯示，班杜拉的預測是正確的[12]。無論是病人想要康復，運動員想要超越競爭對手，學生想要獲得高分，行動份子想要改變世界，管理者想要提升淨利，創業者想要開創新事業，或抽菸者想要戒菸等等，悲觀者通常會失敗，樂觀者往往會成功。

在一九六〇年代初期，美國的太空計畫包括幾次發射失敗、幾次載著猴子上太空的任務，以及雪帕德的十五分鐘次軌道飛行。然而，甘迺迪已經自豪地向世界承諾，美國將在十年內把人類送上月球。許多人認為那個目標是不可能實現的，他們因此為大家製造了最大的障礙。克拉夫特招募了一些曾經克服逆境及相信自己的人才。他們對成功抱持樂觀的態度，也願意全力以赴。套用博斯蒂克的說法，這些人太年輕了，他們不知道自己做不到。

幸好，增強自信出奇得容易，只要創造小成果，自我喊話，樂觀地回顧過往，稍微沉浸在英雄崇拜中就可以做到。

創造小成果

泰蕾莎・艾瑪比爾教授（Teresa Amabile）是哈佛商學院的研究主任，她專門研究組織的祕密生活[13]。幾年前，她讓七家公司近三百名員工每天發一封電子郵件給她，並在信中描述當天發生的事情、自己的情緒、動力和生產力。四個月後，艾瑪比爾收到近一萬兩千封電郵，她從中找出了與成功及成就有關的因素。有幾家公司發明了家用品，一家公司提供清潔服務，另一家公司是在飯店業經營複雜的電腦系統。無論是做哪一行，若要預測成功，有個因素一再出現，而且可以用三個字來概括：小成果。

艾瑪比爾發現，小的里程碑往往會帶來意想不到的正面影響。一般人面對看似不可能實現的目標時，往往不知所措。然而，他們把目標分解成更小的步驟時，目標突然變得更容易實現了，他們的信心也隨之高漲。此外，每完成其中的一個階段，他們的信心和樂觀度又會成長，這也變成未來成功的催化劑。心理學家現在把這個理論稱為「進步定律」。數百項涉及數千名參試者的研究顯示，把雄心勃勃的願景分解成一系列的小步驟，90%的情況下都可以獲得更好的成效。大成就很重要，但小進步更重要。

進步定律也是登月計畫成功的關鍵。甘迺迪第一次宣布這個雄心勃勃的遠見時，每個人對於「把太空人送到三十八萬公里外的太空，讓他們在遙遠的土地上漫步，之後再安全返抵地球」的想法感到驚訝。然而，火箭科學家和工程師確定了這項計畫所涉及的每個階段後，整個任務似乎更容易完成了。登月團隊意識到，他們需要打造一個巨大的火箭，以擺脫地球引力；需要打造一艘可以穿過太空及繞著月球軌道運轉的太空船；需要設計一個登月艇，以便運送太空人往返於太空船和月球表面；需要想辦法讓登月艇飛去和繞行的太空船會合。當水星計畫和雙子星計畫開始實現這些小目標時，每個人的信心開始成長。到了真正登月時，他們的信心達到了顛峰，工程師傑．霍尼卡特（Jay Honeycutt）指出：

> 那時我們覺得自己所向無敵。我們都認為這件事非做不可，任何人都甭想阻止我們。我們是不可能失敗的，我們不會失敗。在阿波羅計畫期間，大多時候，似乎每個人都那麼想。[14]

這也進一步激勵他們向前，朝著最終的目標前進。

面對看似遙不可及的目標時，把它分成小塊更容易達成。此外，為了確保進步定律發揮效果，可以使用聰明思維（SMarT thinking），盡量把每個小目標變得更具體、可衡量、有時間限制。例如，假設你想減十公斤，也許可以把目標設成每週減半公斤。或者，如果你想創立一家營業額數十萬的新公司，你可以把目標設成每月拉進一個新客戶。

邁向目標時，不要害怕回顧過往，因為研究顯示，遇到逆境時，堅持不懈的人更有可能想到他們已經累積的成就，因此堅持下去。[15]

最後，每次達成小目標時，可以慶祝一下，以強化動機和信心。任務控制中心在每次太空船成功濺落後，都會點燃一支雪茄。他們也會在達到每個里程碑時舉辦派對，慶祝一番。你不需要那樣大費周章，即便是犒賞自己一點巧克力蛋糕也有幫助（除非你想減肥）。

如何自我喊話

二十世紀初，一個有點奇怪的童話故事開始在世界各地出版[16]。故事的細節因版本而異，但主旨大致一樣。在那個故事中，列車拖著許多節的貨車廂上高山。幾台較大的火車頭罷工後，一台小火車頭答應試試看，它一再喊道：「我辦得到！我辦得到！」最後終於把列車拉上山頭，自豪地宣稱：「我就知道我辦得到！」一百多年來，《小火車頭辦到了》（*The Little Engine That Could*）的故事鼓勵小朋友面對艱難，相信自己。

儘管多數人不會遇到拉動沉重貨車上高山的挑戰，但絕大多數的人都會進行自我喊話。可惜的是，這些內心獨白通常不是在想：「我辦得到！我辦得到！」而是在想「我應該不行」、「我可能不行」、「我不可能辦到」。幸好，要把這種「自潑冷水的喊話」轉變成「自我信心的喊話」並不難。

我們來試另一個思想實驗。想像一下，你即將展開一場新的冒險，但你聽到內心那個自我苛求的聲音正慢慢地侵蝕自信。在這個思想實驗中，也許你正考慮展開新戀情（「我總是失敗」），開創新事業（「我知道創業真的很難，我永遠做不起來」），或者轉換工作跑道（「我本來的工作很安穩，放棄那個工作不做根本是災難」）。

如果你的內心對話是那樣，你可以試著跟自己爭論。想像你最要好的朋友也考慮做同樣的事業，他也表達了同樣的自我懷疑，你會怎麼對他說？顯然，你不會鼓勵朋友莽撞行事，但他對未來如此悲觀時，你也不會袖手旁觀。你可能會找到一種更務實的支持方式。例如，你可以利用下面的方式來質疑他過於悲觀的預測：指出過去的失敗所帶來的效益（「以前的感情談得很辛苦，但你總是從中學到很多，繼續前進」），要求證據（「創業有多難？你跟任何人談過嗎？」），指出未來可能比他想的更好（「本來的工作或許很安穩，但我想你會找到讓你更快樂的工作」），並提振他的信心（「你很堅強，不管發生什麼事情，應該都可以應付得來」）。

這種「好友對話」讓你知道你該如何與自己對話。不要接納你對未來的悲觀看法，你應該鼓勵自己更務實，更支持及善待自己。

同樣的方法也可以幫你隔絕他人的苛刻批評。十七世紀的英國詩人約翰・多恩（John

Donne）有句名言：「沒有人是一座孤島。」心理學的研究證實，多恩所言不虛[17]。就像流鼻涕和喉嚨痛會傳染一樣，人的情緒和心態也有感染力。你多花時間和那些鼓勵及支持你的樂觀者在一起，你會頓時變得更熱情、更積極。同樣地，跟那些不看好你能力和未來的人在一起，你很快就會覺得未來沉悶乏味。

如果你遇到有人告訴你注定失敗，就採用上述的「好友對話」方式。你可以自問，對方講的是否真有道理，還是他刻意貶抑你以抬舉自己。他真的顧及你的最佳利益嗎？還是別有目的？他是不是老是放大你的失敗，否定你的成就？與其把這種批評銘記在心，不如仔細思考那些批評，然後想想你最要好的朋友會怎麼說。如果那個人一再放話說你一定會失敗，請記得那句老話：把你花最多時間相處的五個人平均起來，就是你的水準；然後想想，跟比較正向的人在一起是不是會讓你過得更好。

好運

太空人和火箭科學家有時也挺迷信的。NASA的太空人在飛入太空之前，按照慣例會享用雪帕德展開「自由7號」飛行之前所吃的雞蛋早餐。同樣地，蘇聯太空人登上火箭之前，常在轉乘巴士的後輪上小解，據說那是因為加加林在執行歷史性的任務之前，也是在同一處解放。NASA噴氣推進實驗室（Jet Propulsion Laboratory，簡稱JPL）的科學家常隨身帶著一罐花生米做為幸運符。為什麼？因為一九六〇年代，噴氣推進實驗室的前六次無人登月任務都失敗了。第七次飛行時，一位控制員帶了一罐花生米來，讓大家傳著吃，結果那次任務成功了。

儘管大家很容易把這類行為貶抑為迷信，實際情況可能比我們所想的還要複雜。幾年前，心理學家利珊．戴米許（Lysann Damisch）讓參試者完成幾項任務，例如把高爾夫球推進洞裡、解開複雜的字謎[18]。他告訴一些參試者，他們的高爾夫球是幸運球，或是要求參試者做一些迷信的儀式，例如把食指與中指交叉（祈求好運的意思）。這些幸運符和儀式產生了顯著的效果，使參試者在推高爾夫球進洞和解字謎時更成功。研究也顯示，他們之所以比較成功，是因為幸運符和儀式使參試者更有信心，因此使他們設定更高的個人目標，並堅持更長的時間。

所以，下次你想要提升自信時，就穿上幸運襪，交叉手指，早餐吃雞蛋，或是對著附近的公車輪子小解吧。

樂觀地回顧過往

我們預測未來時，常會想到過去。試想，你打算在週日烤個蛋糕，你覺得那個蛋糕會烤得怎樣？如果你最近常烤壞蛋糕，你可能預料這次也一樣糟。然而，如果你一再烤出不錯的蛋糕，你就有信心再次烤出好蛋糕。同樣的原則幾乎可以套用在生活的每個面向。

前面提過，控制中心裡，許多控制員出身普通。他們找到克服逆境的方法，設法排除萬難，出人頭地。久而久之，這使他們對可能出現的任何挑戰都保持樂觀，即使是登月計畫這樣艱巨的任務，他們也泰然面對。

想要培養這種心態，想想你以前遇到幾乎毫無勝算的逆境時，是如何度過難關、達成目標的。或許你想到某次你在特別難的考試中考出好成績，或是在一場屈居劣勢的比賽中獲勝，或是完成工作上的一項艱巨專案。想想你當時做了什麼，更重要的是，想想你是怎麼做到的。你還記得當時你懷疑過自己辦得到嗎？別人懷疑過你辦得到嗎？你的成功因素是什麼？

現在，不管你的答案是什麼，在腦中回想那次場景。運動員在大型賽事中表現出色時，電視臺的轉播常一再重播那個精彩時刻。你也可以在腦中重播過去的精彩片段。想像一下，你正在大螢幕上向整個體育館的觀眾展現你生命中的重要時刻。

最後，你可以想辦法經常自我提醒那個情境。例如，在抽屜裡放一張當時的照片，這樣一來，每次打開抽屜時，你都會看到它。或是在牆上掛證書，或在桌子擺個紀念品。不管你怎麼做，利用那件事來提醒自己，你曾經辦到，所以你有充分的理由讓自己對未來更有信心。

偶像崇拜

對未來保持樂觀不見得一定要想到自己。想要提振你對未來的信心，其他人也同樣重要。你看到一個人成功時，那證明看似不可能的事情確實有可能實現。

找一個你崇拜的偶像，也許是像美國行動家兼演說家海倫．凱勒（Helen Keller）那樣的人。一八八〇年出生的凱勒，自幼體弱多病，後來失去了視力和聽力。她決心不讓殘疾限制自己的人生，慢慢學會溝通，最後寫了幾本書，成為第一位獲得文科學士學位的聾啞人士。她也是積極的行動家，走訪美國各地宣傳女權和勞工權。她的名言充分顯示出人如何克服逆境：「樂觀是帶領我們成功的信念。沒有希望和信心，就無法成功。」[19]

或者，你也可以選一個運動員當偶像，例如英國跑者羅傑．班尼斯特（Roger Bannister）。一九五〇年代初期，科學家覺得在4分鐘內跑完1.6公里是不可能的事。班尼斯特確信他可以證明專家是錯的。一九五四年五月，經過幾個月的訓練，他最終以3分59.4秒跑完1.6公里。在班尼斯特破紀錄的啟發下，其他的跑者也跟著破紀錄。到了一九五七年，跑1.6公里的最快速度已經壓到3分57秒。一九五八年，降至3分54秒。班尼斯特回顧他的成就時表示：「每個人看起來再怎麼平凡，某種程度上都是與眾不同的，都能做出不平凡的事情，甚至是大家認為不可能的事情。」[20]

或者，你可能選擇歐普拉那樣的名人當偶像。歐普拉生於密西西比州的農村，家境貧困，成長過程艱辛。她十四歲就懷孕，但流產了。後來，她專注於學業，拿到獎學金，去田納西州立大學讀大傳系。畢業後，在巴爾的摩一家著名的電視台擔任新聞主播，但表現欠佳，遭到降職，被調去主持一個不起眼的節目。歐普拉並未因此退卻，她後來到芝加哥主持脫口秀節目，開始吸引愈來愈多的觀眾。那個節目後來更名為《歐普拉秀》（*The Oprah Winfrey Show*），並在全美聯播，使她成為美國史上白手起家最成功的女性之一。

又或者，你心目中的偶像是作家J. K.羅琳（J. K. Rowling）。羅琳二十五歲左右與丈夫分居，沒有工作，獨自撫養女兒，住在愛丁堡的一間小公寓裡。在一次火車旅行中，她腦中突然浮現一個故事靈感，主角是一個有魔力的小男孩。羅琳不為困境所苦，開始在咖啡館內寫作，但後來手稿屢次遭到出版商退稿。羅琳堅持不懈，《哈利波特》系列叢書使她成為全球最富有的女性之一。

如果你想領導團隊達到另一個顛峰，或許你比較想把組織當成榜樣，而不是把個人當成偶像。如果是這樣，也許你可以效法西南航空。一九九〇年代末期，西南航空陷入財務困境，高層要求管理者把短程航班的回轉時間從四十分鐘削減成十分鐘。此外，西南航空的管理人員只有兩年的時間可以想辦法落實這樣的改變。航空專家認為這是不可能達成的目標，但他們的管理者研究了一級方程式賽車（Formula 1）車隊人員達成超高速周轉時間的技巧，小心地把學到的經驗應用到西南航空的飛機上。西南航空因此實現了目標，利潤飆升，此後世界各地的短程航空公司也紛紛採用他們的創新方法。

或者，你可能想從日本改變高速旅行的方式尋找靈感。二戰後，日本亟欲振興經濟。每天，東京和大阪之間的列車上都擠滿了人和貨物，但那條鐵路已嚴重過時，四百八十公里的路程往往要花費二十幾個小時運輸。日本的交通官員敦促工程師發明一種更快的火車，幾個月後，工程團隊打造出時速高達一百公里的原型車。儘管那是當時世界上最快的客運列車，日本官員還是設定了一個更大膽的延伸目標，要求工程師在十年內打造出時速兩百公里的列車。許多工程師認為那是不可能的，但他們慢慢重新設計整個鐵路系統和設備。因此，世上第一輛子彈列車於一九六四年上路，時速平均高達兩百公里。日本工程界的驚人壯舉轉變了全球的鐵路旅行。幾年後，法國、德國、澳洲也出現類似的高速鐵路。

當然，那些完成人類最偉大成就的人——登月計畫的團隊——也可以帶給你啟發。無論你從哪裡找到偶像，你可以用他們鼓舞人心的故事來提醒自己，許多人已經完成了看似不可能的任務。提醒自己，他們是如何找到自信和樂觀去克服逆境，最終改變了世界。或許你可以把他們的照片放在錢包裡，或貼在冰箱門上、桌上或布告欄上。每次看到那張照片時，你就會想起他們是如何化不可能為可能，並利用他們的故事來激勵你邁向成功。

摘要

相信自己有實現目標的能力，可以激勵你前進，堅持不懈，從而大幅提升成功的機率。底下是強化自信的方法：

- 記住小成果的魔力。把大目標分成小階段，每次達到重要的里程碑就慶祝一下。
- 不要自暴自棄，潑自己冷水。使用「好友對話」技巧來創造更有效的正面內心對話。多和支持你的人相處。
- 慶祝過去的成就。把它們記下來，在腦中回想那些事情。記得你以前成功過，你可以再創佳績。
- 找一個達成看似不可能任務的偶像、個人或組織，經常提醒自己那些鼓舞人心的故事。心想既然他們辦得到，你也可以。

登月祕訣

「什麼都不做」也是一種選項

克拉夫特早年記取了一個慘痛的教訓。一九六〇年某次無人太空船發射時，克拉夫特和團隊一開始看到測試火箭在巨大的濃煙中起飛，相當興奮。然而，煙霧散去後，他們發現火箭還留在原地，突然笑不出來了。更糟的是，太空艙的降落傘是為了讓太空船安全返回地球而設計的，當時降落傘已經開啟，掛在火箭的兩側。萬一當時降落傘被風吹到，很可能導致整個火箭撞向地面。

看到裝滿易爆燃料的火箭如此不穩定，一名工程師驚慌失措，建議用步槍在油箱上打孔，以清空油箱。克拉夫特當然無法苟同這種做法，最後他決定，最好的處理辦法是什麼都不做。太陽的曝晒導致一些燃料蒸發，風速下降使火箭維持直立，不至於翻覆。最終，火箭變得夠安全後，一位勇敢的工程師才爬進去裡面拆除裝備。

這次成功的解決方法，充分說明了克拉夫特最重要的飛行管控原則之一：「不知如何是好時，就什麼都不做。」克拉夫特這句口訣既簡單又有力。遇到緊急狀況時，大家常覺得非得馬上行動不可。然而，萬一考慮不周，躁進很容易導致事情惡化。做重要的決策時，把「什麼都不做」也列為選項。自問你有沒有資訊讓你做出明智的選擇；如果你選擇不行動，會發生什麼事？

研究也顯示，即使你最後選擇行動，而不是什麼都不做，光是加入「什麼都不做」這個選項，就可以提升你的動力。幾年前，賓州大學的羅姆．施瑞福特（Rom Schrift）做了一項實驗，他要求參試者解一個單字搜尋題[21]。參試者每找到一個字就可以獲得報酬，也可以隨時停止搜尋。他要求一些參試者尋找著名演員或首都的名字，然後告訴另一批參試者，他們有「什麼都不做」的額外選項。結果，所有的參試者都選擇去解題，但選項上的小變化產生了巨大的影響。那些多了「什麼都不做」選項的人，投入解題的時間多了約40％，解題的績效也比較好。

施瑞福特認為，這種效果是因為那些人認為：「我自己否決了『什麼都不做』的選項，所以我決定的選項想必比不做更好，我應該繼續下去。」

無論原因是什麼，這個簡單又有力的概念可以用來激勵我們堅持某種飲食習慣，完成藥物治療或上健身房，也可以讓我們在職場上獲得鼓舞。

4.

把逆勢當成登天的階梯

瞭解悲劇如何迫使大家自我檢討；
學習如何從失敗中記取教訓。

一九六〇年代中期，阿波羅團隊已經完成了許多關鍵目標，包括如何把火箭送上太空、如何讓太空船會合、如何讓太空人繞行地球軌道並活著返回地球。對許多人來說，形勢似乎已經逆轉，美國可能很快就會在太空競賽中超越蘇聯。不幸的是，前進的道路遠比任何人所想的還要坎坷，卓越的古斯．葛利森成了這段歷程的焦點。

一九五八年，美國空軍飛行員葛利森收到「水星計畫」絕對保密的訊息，受邀到華盛頓特區參加神祕的面試[1]。他以卓越的成績通過初步的面試後，接受了全身體檢和心理測驗。原本一切都很順利，後來醫生發現他有花粉症，說要淘汰他。幸好，反應靈敏的葛利森冷靜地提到，據他所知，太空中沒有花粉，因此平息了他們的疑慮。[2]葛利森順利晉級，於一九五九年四月獲選為水星七傑之一。

葛利森是這個團隊中最有抱負、也最有衝勁的成員，最後他獲選為繼雪帕德之後第二位進入太空的美國人。一九六一年七月二十一日，葛利森穿上太空服，登上太空船「自由鐘7號」（Liberty Bell 7）。他的口袋裡放了一百枚一角的硬幣，打算在飛行任務完成後，當成紀念品送人。火箭的發射十分精準，葛利森很快就感覺到火箭啟動，太空艙射出了。十五分鐘的次軌道飛行一切順利，自由鐘7號再次穿過地球的大氣層，並按計畫展開了降落傘。葛利森的太空船濺落在大西洋時，一次完美的任務看似完美結束。然而，實際上，這只是潛在災難的開始。

「自由7號」的艙門是以門閂打開，但「自由鐘7號」的艙門是以小爆炸的方式炸開。雖然這個新設計的目的是為了幫葛利森離開太空艙，卻差點害他喪命。根據任務計畫，太空船濺落後，葛利森是在自由鐘7號內等待直升機抵達，救援小組已經在太空艙上綁了一條纜線。接著，救援小組會引爆艙門的爆炸螺栓，讓葛利森安全地離開太空艙，然後把他吊上直升機。不幸的是，這個精心設計的計畫很快就開始崩解。

直升機抵達現場不久，自由鐘7號的艙門突然彈開，現場突然陷入一片混亂。太空艙在巨浪中搖晃，海水開始灌入打開的艙門。葛利森被迫迅速逃離，潛入冰冷的海洋中。為了不讓自由鐘7號沉沒海底，救援直升機盡量往海面低飛，試圖把一根纜線接上太空艙。直升機降到輪子觸海時，機組人員設法把纜繩接上太空艙，卻發現海水灌入太空艙，導致太空艙變得太重，遠遠超出直升機的承受力。每次直升機試圖拉起自由鐘7號時，海水就會湧入太空艙。多次嘗試拉起過重的太空艙，也對直升機的引擎造成了傷害，最後救援人員被迫放棄價值兩百萬美元的太空艙。不久，自由鐘7號就消失在水中，沉入大西洋的海底。

在此同時，葛利森也陷入真正的麻煩。他匆忙逃出太空艙時，太空服上的氧氣閥沒關，海水開始滲入衣內，大幅降低了他的浮力。衣服進水，再加上紀念幣的重量，使他難以維持漂浮。更糟的是，試圖拉起自由鐘7號的直升機導致海面翻騰。葛利森快要溺斃時，第二架直升機才注意到他的身影，突然意識到發生了什麼事，把他拉到安全的地方。

不幸的是，對葛利森來說，麻煩還沒有結束[3]。

一直以來，葛利森與媒體交談時，常感到不自在。有一次，他甚至戴了一頂大草帽和太陽眼鏡，試圖逃避記者的關注。有些記者不太喜歡他那種面無表情的風格，給他取了「沉悶葛利森」和「巨石臉」等綽號。

葛利森完成歷史性的飛行任務後，在記者會上，記者常不把焦點放在飛行任務的成功，而是追問葛利森是不是自己提早爆開艙門，才導致價值數百萬美元的太空艙沉入海底。葛利森總是駁斥這種指控，其他的水星計畫太空人也支持他的立場。後來，調查委員會證實，葛利森並未提早爆開艙門，自由鐘7號的報廢也不是他的責任。然而，對有些人來說，葛利森的歷史性任務因此留下了瑕疵。

葛利森設法躲過了死神的魔掌。不幸的是，在另一個地方，他就沒那麼幸運了，那次悲慘事件使太空計畫的參與者從此徹底改變了想法。

悲劇、風險和魯莽

葛利森的下一趟飛行任務沒那麼戲劇性，但同樣充滿了爭議。這一次，葛利森和另一位太空人約翰．楊恩（John Young）駕駛第一個雙人座的雙子星太空船進入太空。一九六五年三月，兩名太空人從卡納維爾角發射升空，不久就環繞地球飛行了。任務進行到一半，楊恩告訴葛利森，他設法偷帶了一些有趣的食物上來，並自豪地拿出兩份醃牛肉三明治。葛利森既好奇又開心，拿起一個三明治，咬了一口。不久，碎肉上的小碎片開始四處漂浮，可能損壞精密的儀器。葛利森向任務控制中心報告「肉散了」以後（可能也害任務控制中心擔心了一下），默默地把三明治收了起來。回到地球後，有些NASA高層和國會議員對於太空人偷帶三明治的做法不以為然，官員最後宣布：「我們已經採取措施……以防未來的航班上又出現醃牛肉三明治。」[4]

一九六〇年代中期，「水星計畫」和「雙子星計畫」完成使命，NASA已經準備好進行一系列新的任務，他們希望最終能把人類送上月球——亦即「阿波羅計畫」。水星任務和雙子星任務是在較短的時間內，把一名或兩名太空人送入太空。「阿波羅1號」的任務則是讓三名太空人繞地球飛行兩週。一九六六年三月，NASA宣布阿波羅1號的太空人將由葛利森、艾德．懷特（Ed White）和羅傑．查菲（Roger Chaffee）組成。

阿波羅1號任務所用的太空艙，必須比之前的太空艙還大，也複雜得多。這種新型太空艙（稱為「指揮艙」）的開發，需要協調全國各地的工程小組，挑戰性極高。

葛利森知道，每次他發射進入太空時，都是拿性命在冒險，所以他會親自評估NASA為每次任務開發的技術。阿波羅1號的太空艙開始成形時，葛利森開始擔心它有幾個缺陷，最後他從自家果園的樹上摘了一顆檸檬*，掛在阿波羅1號的模擬器外面，以顯示他覺得太空船不完美，藉此公開表達擔憂[5]。

這項任務獲得批准後，一九六七年一月二十七日，三名太空人爬進阿波羅1號的指揮艙，進行例行的發射前測試。艙門關閉後，模擬開始。不久，問題開始出現。葛利森的麥克風卡在開啟的位置，導致幾個團隊之間難以溝通。葛利森生氣地說：「連兩、三棟建築之間都無法交談，我們還妄想怎麼登月？」於是，實際發射計畫就此延後，讓技術人員先解決問題。

這時真正的問題才剛開始。

阿波羅1號測試期間，曼弗雷德．馮艾倫弗里德（Manfred von Ehrenfried）負責操控其中一個任務控制台。馮艾倫弗里德在大蕭條時期出生於俄亥俄州代頓市，曾加入童軍，研讀物理，被蘇聯的人造衛星嚇到，但聽了馮布朗關於太空飛行的演說後大受鼓舞，後來加入NASA。馮艾倫弗里德在許多水星和雙子星任務中扮演關鍵角色。如今過了五十年，阿波羅1號測試的事件對他來說依然歷歷在目：

阿波羅1號太空船設在佛羅里達州的卡納維爾角，而我們則在休士頓。當時我擔任引導員，整個下午的通訊都很差，所以我們一直坐在那裡，手摀住耳

* 譯注——
lemon也有蹩腳貨的意思。

機，試圖聽到飛行測試指揮官和機組人員的聲音。我們向太空船發送指令，檢查手邊的資料。我突然聽到「太空船著火了」，我轉向旁邊的引導員說：「你聽到了嗎？」我們都坐在那裡，努力想聽清楚到底發生了什麼事。接著，我聽到了發射組人員英勇地營救太空人。6

接下來的幾分鐘，狀似例行性的休息，其實大火正在太空艙的純氧環境中竄燒。查菲立即啟動警報，三名太空人努力想要脫離現場。由於葛利森上次任務所使用的「自由鐘7號」不幸報廢，工程師設計了一種全新的艙門。阿波羅1號的艙蓋是由三個獨立的面板所組成：一個內部的面板是往太空船內開啟，一個中間的面板是隔熱板的一部分，一個外部的面板是為了在發射過程中保護太空船。緊急指南中寫道，太空人應該可以迅速拆除三個面板並逃離太空船。然而，事實證明，這是不可能的。

驚慌失措的機組人員衝過去解救受困的太空人，但大火的高溫和太空船冒出的濃煙阻礙了救援。機組人員不顧明顯的危險，繼續勇敢地奮鬥，幾分鐘後設法打開艙門。不幸的是，一切都太遲了。機組人員進入太空船時，三名太空人已經死於窒息。他們花了一個半小時才把屍體搬出來，許多救援人員因為吸入濃煙而接受醫護人員的治療。

馮艾倫弗里德記得當時克拉夫特一臉蒼白，神情嚴峻。他也記得那次事件對任務控制員產生的可怕影響：

在任務控制中心，可以聽到發射組的人員奮力撲滅大火，我們卻無能為力。等噪音平靜下來後，我們意識到發生了什麼事，全坐在那裡消化那個事件。那時，其他的同仁也接到噩耗，他們蜂擁而入，想知道他們能否提供協助……但每個人都無能為力。任務控制中心裡的一些人從此再也不同了。我含著淚走出控制中心，突然意識到那是很嚴肅的事情。[7]

後來，懷特以最高軍事榮譽安葬在紐約的西點公墓，葛利森和查菲則是並排安葬在阿靈頓國家公墓。在離他們的墳墓不遠處，一束火焰永恆地燃燒著，以紀念美國太空計畫的偉大夢想家甘迺迪總統。

葛利森看似沉默寡言，但他有一本詳細的日誌，記載了他的想法和感受。在一段特別動人的文字中，他思考為大我貢獻小我的價值，不論那項任務有多麼困難或危險：

萬一我們罹難，希望大家能接受。我們投入的是風險很高的任務，即使不幸遇難，希望那不會延遲計畫的進行。征服太空值得冒上生命危險。[8]

克朗茲格言：面對失敗的教訓

那場大火發生後，調查人員拆除阿波羅1號太空艙的每個組件，調查究竟是哪裡出了嚴重的差錯[9]。結果很嚇人，太空艙裡有大量外露及磨損的電線，任一條線都可能引發致命的火花，而點燃太空艙內的易燃物質，包括太空人的尼龍太空裝、用來固定工具的魔鬼氈，甚至是座椅。太空艙在高壓下充滿了100％的純氧，所以一旦起火，火勢蔓延的速度極快，太空人幾乎沒有時間逃生。更糟的是，複雜的艙門系統導致那天根本不可能快速離開。

在後續的十八個月裡，NASA花數百萬美元大幅改造阿波羅太空船，包括設計一個可以在幾秒內開啟的艙門，減少艙內的可燃材質，把艙內的空氣從純氧改為氫氧混合。然而，那場火災不僅帶來技術改變，也使整個組織的思維徹底轉變。

吉恩·克朗茲（Gene Kranz）可能是任務控制中心裡最知名的成員，他以招牌式的小平頭風格著稱。在他的精彩自傳《失敗不是選項》（*Failure Is Not An Option*）中，他描述大火發生後，隔週一早上他召集全體同仁開會[10]。克朗茲看得出來那起災難導致許多人震驚不安，他認為火災有部分原因在於大家不願公開討論任務可能遇到的問題，導致某些設計原本應該停止，卻還是繼續進行。他亟欲改變組織文化，決定對當時的局勢做極其誠實的評估。他在毫無備稿下，直接站起來，直言不諱地對同仁說了一番話，亦即後來所謂的「克朗茲格言」

（Kranz Dictum）。

克朗茲一開始就承認，阿波羅計畫期間出現了重大的問題。他認為，許多人太急於趕上最後期限，而忽視了那些明顯的缺陷。他宣布，未來任務控制中心將以兩個詞著稱：「嚴格」和「合格」。所謂「嚴格」，克朗茲的意思是，大家對自己的行為必須有強烈的責任感，對自己的成敗得失擔負全責。「合格」是指他們在知識和技能上絕對不能出現短缺，永遠不能停止學習。克朗茲要求大家把「嚴格」和「合格」兩個詞寫在自己的黑板上。他說那兩個詞會不斷提醒大家記住三名太空人的犧牲，也有助於確保類似的悲劇不再發生。

阿波羅1號的大火讓每個人意識到，公開表達擔憂和顧慮的重要。試圖掩蓋失敗及忽視潛在問題的想法，已經不容存在了。他們開始接納錯誤，把錯誤視為學習和成長的機會。一位飛行控制員後來描述當時的情況，就像打牌時每張牌的正面都朝上，你無法再矇騙任何人，只能承認失敗和錯誤[11]。

這種轉變很顯著。多年後許多評論家指出，若不是從阿波羅1號的大火中記取慘痛的教訓，阿姆斯壯永遠也無法踏上月球。

博斯蒂克為這種做法提供了一個具體的實例。在一次訓練中，博斯蒂克和兩名同事因計算錯誤而導致某次任務失敗。在檢討會上，克拉夫特質問是怎麼回事。博斯蒂克的兩名同事試圖推卸責任，但他直接承認自己犯了一個錯誤。那天稍後，克拉夫特把博斯蒂克的同事調離太空計畫，只留下勇於承認錯誤的人[12]。

克拉夫特晚年也回顧了從阿波羅任務的錯誤中記取教訓的重要：

我們的組織有非常強烈的開放心態，我們學會在犯錯時告訴彼此……犯錯時，我們從來不會因為出糗而感到尷尬，我們犯的錯成千上百，但我們已經習慣開誠布公。那是完成任務的根本。[13]

如今，甘迺迪太空中心的參觀園區有一系列精彩的展覽，展示太空探索中令人驚歎的技術。二〇一七年一月，該中心推出一場新的展覽，以紀念葛利森、懷特、查菲。展覽中展示了那三位太空人的許多物件，包括太空船模型、他們的衣服、在太空中使用的工具。

展覽的中心放著組成阿波羅1號艙口的三片金屬面板。那三片面板已經保存了半個多世紀，表面上看來，狀似三片無害的金屬。實際上，它們見證了阿波羅計畫中最黑暗的時刻，但那三片面板後來也成了進步的紀念。阿波羅團隊發現了坦誠面對失敗的重要，因此學會了成長與前進。阿波羅1號的火災是一場可怕的悲劇，但是若沒有那場火災，沒有它帶來的態度改變，甘迺迪的登月夢想可能永遠也無法實現。

那個展覽的標題完美地總結了那場火災所傳達的核心訊息：「Ad Astra Per Aspera」——歷

經刀山火海，終達星辰*。

從失敗中學習

「只有永無作為的人不會犯錯。」

——羅斯福

要讓時光倒流，以找出導致阿波羅1號那場大火的心理原理是不可能的。也許那個計畫的工程師被迫在很短的時間內匆促完成很多事情（有些人稱這種情況為「進度狂熱」）。也許他們擔心，要是承認錯誤，會使自己看起來很愚蠢，顯得過於消極，無法晉升，甚至可能丟了工作。也許水星任務和雙子星任務的成功使他們變得過度自信，衝過了頭。不過，我們確實知道為什麼大家不願在日常生活中接納自己的失敗和錯誤。

我們常對自己或他人做出推斷。例如，你可能以前數學不好，因此覺得你對數字不太在行。或者，你可能在聚會上遇到一個人，得知他在圖書館工作，因此認定他很內向。約莫三十年前，史丹佛大學的心理學家卡蘿．杜維克（Carol Dweck）發

* 譯注——
意指坎坷淬鍊，登峰造極。

現有一種心態攸關成敗[14]。

有些人認為他的智力、個性、能力都是固定不變的，就像大理石雕像不會隨著時間改變一樣，他們認為自己日復一日、月復一月、年復一年都是同樣的人，杜維克稱之為「定型」心態。相反，有些人認為他的技能和性格有可塑性，就像黏土是柔軟可塑的。他們相信，隨著時間推移，在努力與經驗的加持下，他們會有所改變，杜維克稱之為「成長」心態。

杜維克發現，定型心態或成長心態攸關一個人的成敗。在一項研究中，她花數年的時間追蹤數百位正在修一門高難度數學課程的高中生[15]。儘管定型心態和成長心態的孩子在最初考試中成績相同，但短短幾個月後，成長心態的孩子便表現優於定型心態的孩子。後續幾年中，這兩群學生的成績差距持續拉開，成長心態的孩子最後在期末考中拿到的分數明顯高於定型心態的孩子。

杜維克在好奇心的驅使下，深入研究那些資料，發現造成這種差異的主因在於，孩子對失敗的觀感不同。定型心態的孩子相信他們的智力不會隨著時間改變，所以對犯錯很敏感，因為他們認為自己無法改正錯誤。為了展現自己的聰明才智，他們通常會迴避比較難的數學題，也常隱藏自己的失敗，或把失敗歸咎於他人。相反地，成長心態的人認為他們可以改變。他們渴望探索，而不是渴望獲得認可。他們樂於破解愈來愈難的數學題，從錯誤中記取教訓，更坦然地面對失敗。

杜維克很快發現，這兩種心態也影響了日常生活的許多面向。例如，說到減肥，有定型心態的人認為他們無法改變，所以看到自己又把手伸進餅乾罐時，就放棄減肥了[16]。相反地，有成長心態的節食者把那種挫敗視為暫時的現象，也是學習未來如何避免誘惑的機會。如此不同的觀點長期下來會產生巨大的影響。研究顯示，平均而言，成長心態的人比定型心態的人減肥效果更好。同樣地，在愛情方面，定型心態的人認為人不會真正改變，所以一出問題，很快就結束感情。相反地，成長心態的人認為，人可以改變，所以更有意願去解決問題。

在職場上，心態也很重要[17]。定型心態的員工容易把錯誤視為根深柢固、無法改變的無能，所以比較可能逃避有挑戰性的任務，掩蓋自己的錯誤，或是把錯誤歸咎於他人。相較之下，成長心態的員工認為錯誤對學習和成長很重要，樂於冒險走出舒適圈，更坦然地面對失敗。

同樣的道理也可以套用在人才招募和解雇上。定型心態的領導者和管理者認為員工無法改變，他們寧可找新的人才進來，也不想指導現有的員工。他們比較喜歡淘汰績效欠佳的員工，而不是幫他們進步及成長。這些做法會對企業造成負面衝擊，營造出員工怕事的文化，員工會迴避自己可能表現不佳的情境，試圖掩飾自己的錯誤，或是推卸責任。相反地，心態比較靈活的領導者認為員工有進步的潛力，他們不會期待員工到職時已經盡善盡美，而是希望員工處於隨時準備好學習的狀態。所以，他們比較喜歡從內部培養人才，幫員工把工作做好。

當然，這不表示一再失敗是好事。重要的是，大家要樂於面對挑戰，坦然面對錯誤，從錯誤中學習。幸好，培養成長心態不是多高深的學問。事實上，只要做兩部分的太空人挑戰，寫信給想像中的好友，使用一些神奇字眼就能辦到。

太空人挑戰：第一部分

等一下你會解一道名為「太空人挑戰」的謎題[18]。那個謎題並不容易，約50％的人無法在規定時間內解開。你也不一定要解開那個謎題，你可以自己決定要不要解題。請在一本筆記本上，寫下你對於解開難題的想法。

你有底下的想法嗎？

「嗯，那題看起來很難，我不想看到自己解不出來，所以最好跳過挑戰。跳過就不會因為解不出來而感到丟臉及壓力了！」

「太好了。我最喜歡解謎，這看起來是展現聰明才智的好機會。」

「我很樂意試試看。畢竟，即使解不出來，也沒人知道！」

你可能已經猜到了，這些想法反映出定型心態。幸好，要培養更積極、成長導向的心態來面對棘手的挑戰很簡單。面對棘手的挑戰時，你可能會想要逃避，避免失敗的可能性。你應該花點時間思考，為什麼你應該處理這個棘手任務。首先，成功的好處有哪些？或許更重要的是，失敗的好處有哪些？你會因此發展出一些新技能嗎？還是學到一些有趣或重要的東西？接受挑戰可以幫你拉近你和他人的關係嗎？或是促成新的機會嗎？你不嘗試的話，肯定無法完成，那樣就比較不丟臉嗎？

說到那個「太空人挑戰」，也許你會成功，因此自我感覺良好。然而，即使你失敗了，你還是可能得到一個有趣的謎題，可以拿去與朋友、同事和家人分享。或者，那個經驗可以幫你解決未來的其他挑戰。或者，你應徵工作時，可能剛好遇到同樣的問題，因此拿高分。或者，你可能因為解題而學到一種新的數學原理或心理技巧（視謎題的類型而定）。或者，你去參加派對時，因為跟陌生人聊起那個謎題而墜入愛河，最後結婚了。以上想法皆與成長心態有關。

假設現在你願意接受「太空人挑戰」，底下就是那個謎題。這裡有三名太空人和三個分別裝有電、水、氧氣的箱子。

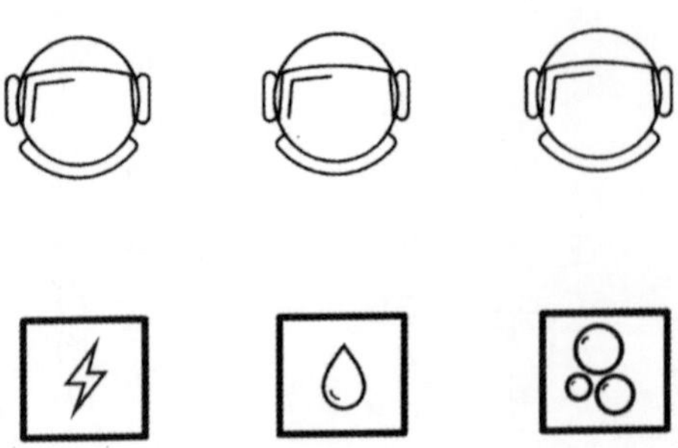

每個太空人都需要這三種物質才能生存。請畫線連接那三個箱子和三名太空人的頭盔，但那些線不能交叉。你畫得出來嗎？所以左邊第一張圖的畫法是可行的，因為沒有線相互交叉。但是，第二張圖那條連接水和第三個太空人的線就不行，因為它和連接氧氣與第二名太空人的線交叉了。

現在你有三分鐘的時間可以解這個謎題，開始！

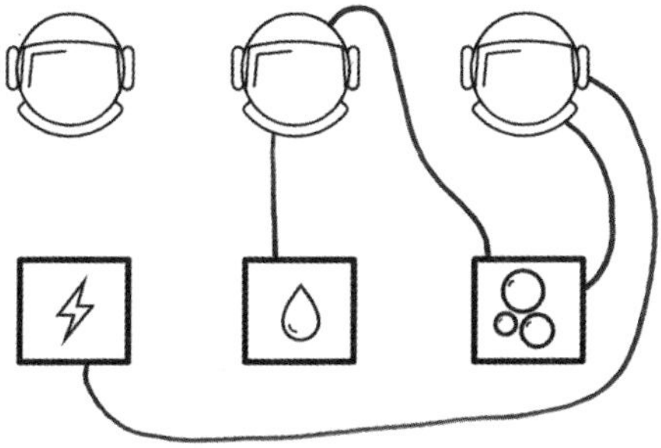

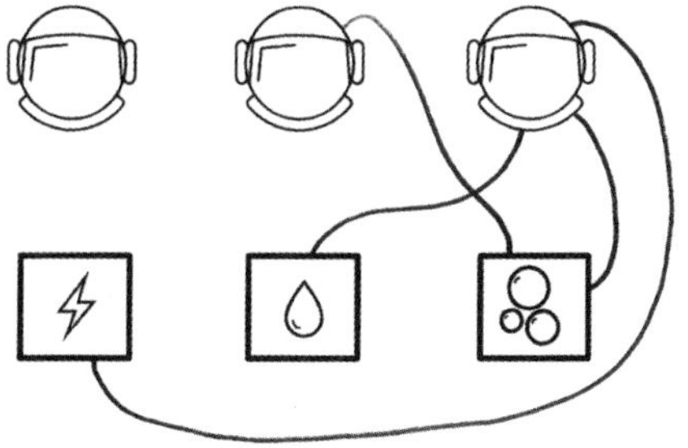

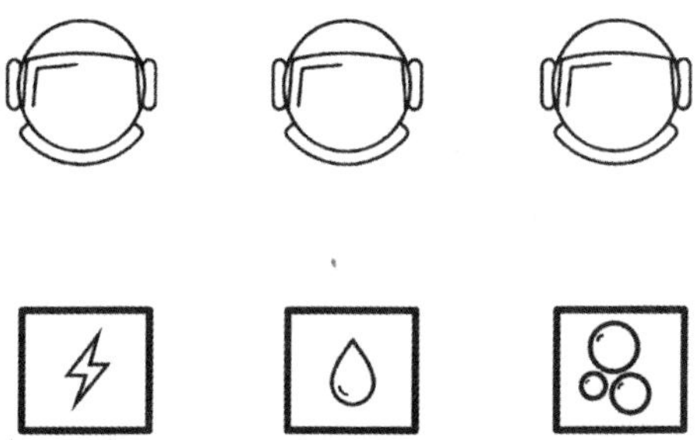

在下一節中，我們將進一步說明，你的解題代表你是什麼樣的人。

太空人挑戰：第二部分

即使你的「太空人挑戰」失敗了，請不要難過。其實，每個人都無法解開這個難題，因為這題是無解的！不過，你並沒有浪費三分鐘的生命，因為解題失敗後腦中閃過的想法很有意思。

你有底下的想法嗎？

「我本來就不適合解這種謎題，這是我最後一次嘗試這種謎題了。」

「這只是愚蠢的謎題，反正我不在乎，繼續過我的日子就是了。」

「三分鐘不夠長，如果給我更多的時間，我就能解開這題。」

這類反應試圖淡化失敗，避免未來出現更多的失敗，所以是反映定型心態。同樣地，想切換成正面觀點並不難。成長心態的人無法破解太空人挑戰時，他們會急切地尋找答案，並探索如何在未來利用這些新發現的知識。然後，當他們發現這個謎題是不可能解開時，他們往往想知道為什麼解不開（如果你很好奇，可以看本書附錄），並思考如何用這個謎題來開朋友和家人的玩笑。

底下是這個練習的最後部分。想像一下，你打算拿「太空人挑戰」來考驗朋友和同事，請簡要地寫下你會對他們說什麼。

你會提到你解不出這題嗎？還記得定型心態的人喜歡掩飾錯誤，成長心態的人比較坦然面對失敗嗎？同樣的問題也適用於批評上。定型心態的人遇到批評時，往往會產生防禦心，並反駁或攻擊批評的人。相反地，成長心態的人比較願意改變，所以他們肯聆聽意見，以期學到一些實用的東西。如果你需要轉變為成長心態，那就坦然面對失敗，樂於接受發展的機會。

同樣的道理也適用於組織上。任務控制員以前常到一家德式啤酒屋做彙報，花好幾個小時討論他們的錯誤及可能的解決方案[19]。如果你是團隊的成員，你可以培養一種文化，讓大家坦然面對錯誤，一起找出最好的解決方案。這類活動可以有多種形式，例如舉辦「失敗」派對、架設內部網站，或寫在活動掛圖上。社群媒體公司 Nixon McInnes 採用的方式可能是最有創意的做法，他們每個月開一次會議，名為「失敗教會」，鼓勵員工在會上「告解」錯誤。在每次告解中，員工都會概述自己的失敗，更重要的是，他們會反思下次打算怎麼改變。每次告解後，大家都會歡呼鼓掌。

登月祕訣

我做過的蠢事

戴爾．卡內基（Dale Carnegie）的經典勵志書《卡內基溝通與人際關係》（*How to Win Friends and Influence People*）非常暢銷，銷量突破三千萬冊。卡內基終其一生都保留一份個人檔案，標題是「我做過的蠢事」。在那份檔案中，他記下自己犯過的所有重要錯誤，以及從中記取的教訓[20]。

如果那個技巧對卡內基很實用，應該也對你有所幫助。不要刻意忽視錯誤，你應該像全球最厲害的勵志專家那樣思考，簡要地記下犯過的每個錯誤，以及你從錯誤中學到什麼。

顯然，如果你一再重蹈覆轍就不好了，那只是顯示出你的無能。然而，只要懂得記取教訓，犯錯沒什麼大不了的。

親愛的瑪蒂達

假設你最好的朋友叫瑪蒂達，你們相識多年了，一直以來都是同甘共苦、相互扶持的好夥伴。瑪蒂達一直想從事太空探索的工作，幾個月前，她開始在大學裡修一門火箭科學的課程。今天你收到瑪蒂達的電子郵件[21]：

嗨，

希望你一切都好。我還是很喜歡大學生活，但有幾門課程開始上得有點吃力。上週我的代數考試沒過，但我還沒讓其他朋友知道這件事。沒有人告訴我這門課程那麼難，我懷疑我的大腦根本學不會這門課所傳授的核心數學知識。我還是想當火箭科學家，但我正考慮要不要休學。

你覺得呢？

祝　順心

瑪蒂達

你可能已經注意到了，瑪蒂達似乎有定型心態。你會怎麼回信，鼓勵她培養成長導向的心態？請把你的回信寫在筆記本上。

現在我們來看你的回信，底下是一些你可以在信中提到的概念，你提到了嗎？

- 你可以提到瑪蒂達這些年來的變化，並說那反映出她驚人的成長和學習能力。或許她學會一種新的身體技能，例如開車、彈吉他、雜耍或打高爾夫球。或者，她學會一種新的思維能力，例如學習新語言、獲得某種資格證書，或適應工作中的新角色。你如何利用這些經歷來說服瑪蒂達相信她可以改變及成長？這些事情如何幫她堅持下去？
- 你有沒有提到是什麼因素促成那些變化？也許瑪蒂達花了很長的時間練習，勤奮努力，培養了挫折復原力？她是否面對失敗並從錯誤中記取教訓？遇到困難時，她是否設法堅持下去？她有沒有發現，承認失敗並利用失敗來找出缺點、加以改進，對自己有幫助？同樣地，這種觀點如何幫她繼續走下去？
- 你自己的生活呢？這些年來，你設法掌握了哪些身心技能？過去十年左右，你有什麼變化？這些變化是如何發生的？你如何運用那些經歷來激勵瑪蒂達？
- 瑪蒂達認為她沒有學習數學的頭腦，你可以告訴她，科學證據顯示，所有的大腦都有改變的神奇能力（亦即「神經可塑性」）。例如，你不幸中風了，大腦將自我重組，以幫你恢復一些失去的能力。如果你蒙上眼睛幾天，大腦中處理視覺資訊的部位會更加關注聲音和觸感。如果你花幾年的時間學習某種樂器，那會強化負責注意力和決策的神經元網絡。只要花幾週的時間學習雜耍，大腦就會在連接視覺和運動的區域生出更多的神經細胞。

◆最後，你可以在信中提到歷史上一些鼓舞人心的實例。你可以回顧上一章的驚人例子，例如有人跑得比任何人想像的還快；有人儘管又聾又瞎，仍努力推廣女權；有人即使出身貧寒，依然躋身全球富豪之列。他們都展現出堅持不懈的重要及改變的潛力。

好，複習以上關鍵之後，請重寫一次回信給瑪蒂達，加入上述的觀點，鼓勵她抱持成長心態，把失敗視為成功的跳板。

神奇字眼

魔術師使用Abracadabra、Hocus Pocus之類的咒語來完成看似不可能的事情。同樣地，你對自己和他人說話時，也可以使用某些字眼和話語來促進成長心態。

假設你有個兒子或女兒，他剛考完一場重要的考試，成績很好。你會對他說什麼？

我會說：＿＿＿＿＿＿＿＿

假設他沒有認真讀書，但還是考得很好，你會對他說什麼？

我會說：＿＿＿＿＿＿＿＿

假設他很認真讀書，卻考不好，你會對他說什麼？

我會說：＿＿＿＿＿＿＿＿

一九九〇年代末期，杜維克對心態做了一項引人注目的研究[22]。她讓一組學生做一些數學題，然後把學生分成兩組，稱讚一組學生很聰明（「你一定很聰明才考那麼好……」），稱讚另一組學生很努力（「天啊，你好像花很多心思在這上面……」）。值得注意的是，這個小小差異就足以改變學生的思維模式。被稱讚聰明的學生比較可能產生定型思維，被稱讚努力的學生比較可能產生成長思維。接下來，所有的學生又做了一次考試，杜維克問他們考得如何。近40%有定型心態的學生試圖掩飾自己的失敗，刻意誇大自己的分數。成長思維的學生中，只有10%這樣做。

回想一下你兒子或女兒考好成績時，你對他說的話。你是否稱讚他的智慧、才華和能力？誠如前述，稱讚一個人先天有才華肯定會讓他感覺良好，但他會開始擔心將來失敗有損名聲，所以比較可能隱藏錯誤。相反地，更好的做法是，稱讚他的學習技巧（「你每天晚上自我測試的習慣奏效了」）或考試技巧（「我很佩服你學會在壓力下表現如常」）。

你的兒子或女兒沒有認真讀書，卻依然考很好時，你說了什麼？同樣地，重點不是稱讚他的能力，而是鼓勵他追求更難的挑戰（「好，這對你來說好像太簡單了，你覺得什麼比較有挑戰？」）

如果你的兒子或女兒很認真讀書卻考不好，最有效的做法是把焦點放在他的努力上，鼓勵他繼續前進（「我真的很喜歡你那麼認真準備考試，我們一起來看你哪裡比較不懂好不好？」）。

同樣的道理也適用在職場上。為了鼓勵周圍的人抱持成長心態，你可以給予正面的意見，強調他們的努力付出（「恭喜，你那麼辛苦促成這筆交易」）、願意接受新挑戰（「走出舒適圈真的有效」）、挫折復原力（「這很難，但你愈挫愈勇，而且堅持到底，幹得好！」）。

最後，向自己喊話或對別人說話時，杜維克鼓勵大家多用「尚未」（yet）這個神奇的字眼[23]。如果你覺得自己無法實現目標，或聽到別人說他們難以成功，你在對話中可以加入「尚未／還不是／還沒有」這個字眼，幫你自己或對方培養成長心態。例如，把「我不是那種去健身房的人」改成「我**還不是**那種去健身房的人」；把「我沒有足夠的錢創業」改成「我**還沒有**足夠的錢創業」；把「我沒有大學學位」改成「我**還沒有**大學學位」。

關於心態的培養，你對自己和他人說話的方式真的很重要。

摘要

你看待失敗的態度很重要，你應該抱持成長心態，迎接棘手的挑戰，坦然面對錯誤。

- 把困難的挑戰視為發展和學習的契機。切記，舒適圈的日子也許過起來舒坦愉快，但是待在裡頭不會有什麼長進。
- 失敗時，誠實地面對自己和他人。不要試圖掩飾錯誤或假裝你做得很好。找出問題所在，確保自己不再重蹈覆轍。同樣地，有人提出建設性的批評時，要避免反駁。你應該提醒自己，傾聽和學習可以收穫很多。
- 仿效卡內基，記下你做過的所有蠢事，以及你從中學到的東西。
- 切記，某些用字遣詞有助於促進成長思維。讚美別人時，應該強調努力，而不是成就；強調學習，而不是天賦。別忘了使用「尚未／還沒」這個神奇字眼。

登月祕訣

做好工作

葛利森很擅長因應水星任務的嚴酷訓練，但是身為舉世聞名的太空人，他在其他方面並不是那麼出色。

身為戰機飛行員，葛利森學會盡量以最少的語言來表達想法[24]。雖然這個技能在飛過敵方領空時很實用，但是平日與朋友和同事聊天時，有時反而會變成問題。

有一次，「水星七傑」造訪一家火箭製造商，那家廠商邀請葛利森對該公司的全體工程師說幾句話。葛利森從來不是天生的演說家，他走上講臺，只說了幾個字：「嗯……做好工作。」幸好，工程師很喜歡葛利森這句簡單的格言。那句格言迅速傳遍了整個航太業，全美各地的工廠和辦公室紛紛出現「做好工作」的標語和海報。

葛利森的妙語顯示出格言的力量。

哪個簡單標語可以一語道盡你的方法或計畫呢？

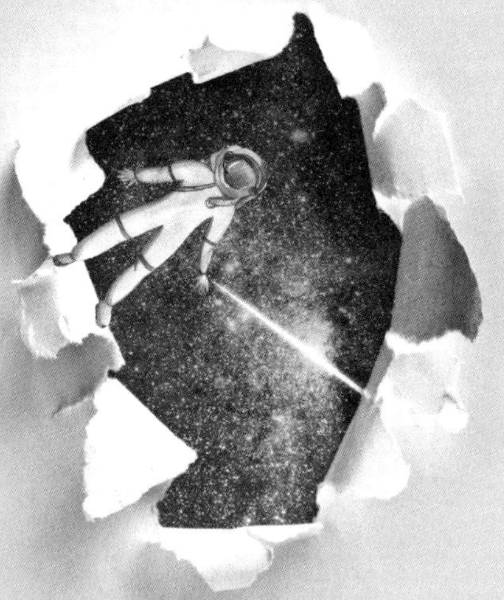

5.

「這不會因為我而失敗。」

瞭解那句確保全球最大火箭順利升空的口訣；
學習如何培養提升自我的態度。

阿波羅1號起火燃燒是一次重大的挫敗。不過，大家也因此記取了教訓，後來阿波羅計畫終於又回歸正軌。水星計畫把一名太空人送上環繞地球的軌道，雙子星計畫又多送一位太空人上地球軌道。阿波羅計畫若要成功，需要送三名太空人穿越數千公里的太空，在月球上登陸，再安全地返回地球。為了達成如此大幅的躍進，阿波羅團隊需要依靠一系列的技術突破及同樣卓越的心態。

二戰結束以來，美國向太空發射火箭時，卡納維爾角一直是發射台的首選。那裡位於佛羅里達州的布里瓦德郡（Brevard County），當地有許多居民對太空探索充滿了熱情。一九九〇年代末期，長期居住在布里瓦德郡的太空迷歐奇・奧斯本（Ozzie Osband）得知當地將舉行一場公聽會，討論新的電話區碼。他因此想出一個絕妙點子，還為此請假一天，去參加公聽會。在公聽會上，他積極主張「3-2-1」這個電話區碼應該指定給布里瓦德郡，以顯示火箭經常從卡納維爾角升空。大家聽了他的建議後，覺得很有道理，因此從善如流。現在每通打到布里瓦德郡的長途電話，都會讓大家想起該區對太空探索的重要貢獻。更妙的是，奧斯本後來也獲得一個很適合他的電話號碼，充分反映出他對火箭科技的熱情與投入：「321-Liftoff」[*1]。

* 譯注——
這是火箭升空前的倒數口號，剛好對應電話撥號鍵（ABC對應2；DEF對應3；GHI對應4；JKL對應5；MNO對應6；PQRS對應7；TUV對應8；WXYZ對應9）。

整個一九六〇年代，許多人前往佛羅里達州的發射海岸，興奮地等待播音員宣讀奧斯本的電話號碼，接著現場體驗火箭發射的快感。水星計畫和雙子星計畫期間，每次火箭發射都令人振奮。不過，相較於阿波羅計畫所需要的火箭，以前那些火箭都相形見絀。雙子星計畫末期是把兩人座的太空船推送到環繞地球的軌道。相較之下，阿波羅計畫需要推送一個指揮艙（把三名太空人送到月球）、一個登月艇（把太空人從指揮艙載去月球表面，再載回指揮艙），還有一個服務艙（載運補給和燃料）。為了確保這些重量能夠脫離地心引力，阿波羅計畫的工程師必須設計及打造出全球最高、最重、最強大的火箭：農神5號（Saturn V）。

農神5號的相關數據都很驚人。這個火箭是由五個主要部分組成的。底部是直徑十米、高四十二米的巨型圓盤，可容納三十萬加侖以上的液氧、二十萬加侖以上的煤油燃料，以及有史以來最大的五部引擎。第二部分高二十五米，可容納二十六萬加侖的液氫、八萬加侖的液氧，以及另五部引擎。第三部分高十八米，可容納六．五萬加侖的液氫和兩萬加侖的液氧。接著是倒數第二部分，包括指揮艙、登月艇、服務艙。最後，農神5號的頂部是一枚逃脫火箭，萬一發射過程中出現故障，那枚火箭可以把太空人拉出來逃生。

水星和雙子星計畫是從卡納維爾角的空軍基地發射，發射台較小。農神5號需要更大的發射台和基礎設施，所以NASA決定在卡納維爾角的北方半島上打造全新的設施。一九六二年十一月正式開工，一九六七年底竣工。一九六三年，就在甘迺迪總統遇刺幾週後，大家決定把該設施重新命名為「甘迺迪太空中心」，以紀念這位充滿遠見的阿波羅計畫締造者。

農神5號的每個部分是在美國各地建造，再透過公路、駁船、飛機運到甘迺迪太空中心，並在超大的飛行器裝配大樓（Vehicle Assembly Building）中組裝在一起。飛行器裝配大樓是全球最大的建築之一，建築的外面畫了一面最大的美國國旗（星條旗上的每顆星星高一・八米，每條線寬二・七米）。那棟大樓大到室內有自己的氣候，室內太潮溼時，天花板的下方會出現雨雲，必須以建築內的一萬噸空調設備加以移除。

農神5號組裝完成時約三十五樓層高，相較於後來把太空梭送入低軌道（low Earth orbit）的火箭，農神5號的高度足足是後者的兩倍。工程師進行一系列複雜的檢查後，便把這枚巨大的火箭及其支撐塔緩慢地運到發射台。發射的當天，太空人在太空船上就定位後，地勤人員便撤退到安全的距離外。

農神5號是由六百萬個以上的部件所組成的。發射過程中，只要有極小部分失靈，火箭中的大量燃料就有爆炸的風險，並把整個發射台變成巨大的火球。事實上，一九六九年，一枚大小類似的蘇聯火箭在發射過程中爆炸，造成史上規模最大的非核爆事件。阿波羅號的太空人就好像坐在一個巨大的炸彈上，再小的錯誤都可能致命。

為自己的作為與不作為負責

某次阿波羅任務發射之前，太空人肯・馬丁利（Ken Mattingly）花了幾晚去發射台，研究那枚即將載他去月球的火箭。他常想到農神5號的每個部分都有成千上萬人參與設計、製造和檢查。

某晚，他搭電梯到發射塔的頂層，來到艙門外面，發現艙門是開的[2]。於是，他爬進去，進入一個裝滿管線、電纜、電線的大房間。房裡只有一名技術人員，他認出了馬丁利，兩人開始聊起任務的相關風險。談話中，那位技術人員提到，他其實不瞭解火箭的許多部分是怎麼運作的。例如，他不知道大量燃料是如何產生擺脫地心引力所需要的動力，也不知道導航系統如何引導太空船航向月球。馬丁利聽了以後有點擔心，但工程人員接著又解釋，他眼前的面板是由他負責，他有責任充分瞭解面板內的複雜電子設備，並確保它們完美地運作。最後他向馬丁利保證，只要是跟那個面板有關的部分，都在他的掌握中，整個計畫不會因為他而失敗。

那一刻馬丁利意識到，阿波羅計畫的成功，正是因為參與計畫的許多人都抱持一樣的個人責任感。發射組的領導人昆特・溫德（Günter Wendt）就是這種態度（「這不會因為我而失敗。」）的鮮明例子。

溫德生於德國，身材瘦削，戴著眼鏡，喜歡打領結，是阿波羅計畫中最廣受喜愛及古怪的人物之一。他負責的是農神5號的無塵室，那是太空人進入太空船之前做最後準備的小地方。

溫德的工作是確保太空人在太空船內安全就定位，做最後的道別，並祝他們好運，然後關上指揮艙的艙門。他以鐵腕來管理無塵室，但總是面帶微笑。沒有他的允許，任何人都不准觸碰那裡的任何東西。有一次，一名工程師未經許可就擅自更動東西。他馬上打電話給警衛，請警衛把那個工程師帶走。

阿波羅團隊對他相當愛戴，常笑談他的強烈責任感。太空人約翰．葛倫（John Glenn）給他取了一個綽號：發射台元首（der Führer of der Launch Pad）。溫德就像那個跟馬丁利聊天的技術人員一樣，對自己的工作有強烈的責任感，不是推卸責任的人。在葛倫啟程之前，溫德告訴葛倫的妻子安妮：

> 我無法保證葛倫安全回來，沒有人能保證，因為那涉及的機器太多了。我能跟妳保證的是，太空船起飛時，那絕對是處於發射的最佳狀態。萬一太空船出了什麼事，我可以向妳報告事故的經過，直視妳的眼睛說：「我們已經盡力了。」並感到問心無愧。[3]

在休士頓，許多任務控制員也是抱著同樣的心態工作。阿姆斯壯踏上月球時，艾德．芬戴爾（Ed Fendell）的任務是負責地面管制站和太空人之間的通訊。芬戴爾和任務控制中心裡的許多人一樣，出身背景普通，在康乃狄克州出生長大。童年的大部分時間，他常在父親的雜貨店裡看店，家裡向來不富裕。他拿到商學的大專文憑後，在航空管制單位工作，後來進入NASA。任務控制中心的許多人員受訪時，都提到承擔責任、不想把事情搞砸，以及勤奮努力的重要。他也提到同樣的想法：

> 認為我們能登上月球是因為我們特別聰明，那就錯了。如今許多孩子比我們聰明多了，也擁有更好的工具。我們之所以能夠登上月球，是因為我們有正確的心態，團隊中的每個人都有「積極肯幹」的態度。我從未聽過任何人說：「我做不來。」你理當為問題找出解方，提出適當的方案。我們踏實勤奮，可以從早上工作到晚上九點，週六也來上班。那不只是工作，更是一種生活方式。[4]

這種態度遍及整個任務控制中心。只要有人說他要做某事，他就一定會做到，不會拖延，不會推卸責任，也不會投機取巧。他們總是兢兢業業，勤奮努力，言出必行。

葛林．倫尼很早就加入NASA，在水星、雙子星、阿波羅任務的成功中扮演關鍵要角。在太空競賽的許多歷史性時刻，他都在任務控制中心工作，備受敬重。倫尼談到他們徵選任務控制員時，特別重視應試者有沒有積極肯做的精神和責任感：

有很多人來應徵任務控制員，每個人都很優秀，但我更在乎的是他們的態度。我想找的是真正想要參與阿波羅任務，而且為了任務成功、什麼都肯做的人。他們往往不是品學兼優的完美學生，但他們有正確的態度，完美的態度。有時即使成績不夠好，我還是會因為他的態度積極而錄用他。這裡每個人對於完成任務、把事情做對都充滿了熱情。[5]

關鍵不只在於招募合適的人才而已。阿波羅任務的管理者相信，每個人都能做好自己的工作。這讓他們產生強烈的責任感。倫尼親眼目睹了這種人才管理法的威力：

今天大家常講領導者要以身作則，或是靠魅力領導，或靠威嚴領導。我們以前是靠尊重領導，管理者讓每個人都覺得受到信任，他們因此忠心耿耿，竭盡所能把工作做好。回顧過往，我發現那才是最好的領導之道。那感覺很神奇，我親眼目睹了那種領導力屢建奇功。[6]

飛行控制員博斯蒂克談到任務控制中心的領導者時，也提到同樣的想法：

我們真的不想搞砸，領導者信任我們，我們也不想讓他們失望。你是為克拉夫特那種傳奇人物效勞，他給你一份工作時，你覺得你獲得了他的終極信任。克拉夫特會說：「我希望你做這件事，並在三週內完成。如果你需要任何協助，可以打電話給我，不然的話，我們就三週後見。」那是一種終極的信任，你走出他的辦公室時會心想：「我不能讓他失望。」[7]

阿波羅任務的工程師傑．霍尼卡特與任務控制中心合作密切，他提到那種強烈的責任感是從上而下滲透每個層級：

我參與阿波羅計畫時是二十七歲。當時克拉夫特找來一批與我年齡相仿的年輕人，賦予他們大量的責任。他傳達給大家的資訊是：「我把這項任務交給你，你最好別聽飛行指揮的話，因為萬一他們告訴你錯誤的資訊，你做錯了，我會怪你，不會怪他們。這是你應該擔負的小責任。」我認為克拉夫特說得沒錯——想要栽培員工，就應該賦予員工責任，而且是在他們的職涯早期就賦予責任。[8]

「溫德去哪了？」

阿波羅1號起火事故的調查，導致載人飛行任務暫停了約一年半。在停飛期間，阿波羅團隊發射了幾枚無人的農神5號火箭，除了幾次出現顫動及引擎故障以外，一切進展得很順利。一九六八年底，工程師認為他們已經解決大火揭露出來的眾多問題，所以批准阿波羅第一次的載人任務。這次任務的目的，是要讓新的阿波羅技術在太空中充分發揮作用，包括在地球的軌道上繞行十一天。由於農神5號的測試發射已經用了前面幾個編號，第一次載人任務變成阿波羅7號。

一九六八年十月十一日，阿波羅7號的太空人瓦力．舒拉（Wally Schirra）、唐．艾斯利（Donn Eisele）、渥特．康尼翰（Walter Cunningham）穿上太空服，搭車抵達農神5號的發射塔。他們搭電梯到塔頂，沿著走道行走，進入無塵室。在發射組領導人溫德的敏銳監督下，三位太空人在進入指揮艙之前，做最後的準備。阿波羅1號起火時，溫德不是發射組的領導人。他跟每位計畫參與者一樣，為那三名殉職的太空人感到悲痛。舒拉堅持阿波羅7號的無塵室一定要交給溫德來掌控。

溫德確定太空人安全進入指揮艙後，便和他們握手，關上艙門。艾斯利為了緩和氣氛，刻意模仿德國口音打趣地說：「溫德去哪了？」[9]

一九六八年十月十一日，舒拉、艾斯利、康尼翰感覺到世上最強大的五個引擎在他們的下方活躍了起來。引擎的聲音震耳欲聾，每分鐘必須把九十萬加侖以上的水（相當於一．五個奧運標準泳池的水量）送到發射台下面，去吸收引擎的巨大噪音，以防火箭崩解。

引擎一下子就產生三百四十萬公斤的推力，巨大的農神5號火箭開始離地升空。兩分鐘後，火箭加速到時速約九千六百公里。農神5號升至離地面約六十公里的高度時，較低的燃料箱已經全空了，第一部分與火箭分離，墜入大海。三十秒後，火箭第二層的五個引擎啟動，把農神5號加速到時速兩萬四千公里，拉高到離地面約一百六十公里的高度。發射九分鐘後，第二層燃料耗盡，與火箭分離，墜回地球。最後，第三層的火箭點火啟動，把火箭的剩餘部分推到時速兩萬八千公里。發射約十一分鐘後，舒拉和隊友進入了環繞地球的軌道。

一般普遍認為阿波羅7號是史上最長、規模最可觀的試飛任務之一。太空人的行程排得非常緊湊，他們需要測試許多作業程序，還要進行許多實驗。此外，他們也是第一批從美國的載人太空船上做電視直播的太空人。

太空人舒拉平時就很愛說笑，他深信「說笑是化險為夷的萬靈丹」，以愛玩及惡作劇著稱[10]。可惜的是，在阿波羅7號上，舒拉就笑不出來了。

工程師設計阿波羅7號的太空艙時，考慮到萬一火箭發射時任務中止，太空人墜海，該如何保護太空人的安全。不過，萬一任務中止時，太空人是掉落在路面上，太空艙並未提供足夠的保護。因此，火箭發射時的氣流和風況是否合宜很重要。在火箭發射前的幾個小時，舒拉開始擔心風向和風速，懷疑延後發射會不會比較好[11]。經過詳細的討論後，任務小組決定還是照著計畫進行，後來的發射也很安全。不過，那個小插曲還是令舒拉感到不安。不幸的是，更糟的還在後頭。

舒拉在執行任務的第二天開始重感冒，很快就把病菌傳給艾斯利。更糟的是，無重力狀態使各種體液無法像在地球上那樣排出體外，導致舒拉和艾斯利出現耳朵悶塞及鼻塞的症狀。感冒使舒拉變得脾氣暴躁，再加上艙內的食物難吃，以及廢料收集系統發出的惡臭，使他開始質疑任務控制中心傳來的一些指令。

太空人準備重返地球時，緊繃的氣氛達到了高點。舒拉堅持在下降的過程中不戴太空頭盔，因為他擔心鼻竇堵塞會導致耳膜震破，希望能在過程中擤鼻子。他與任務控制中心激烈地爭論後（休斯頓表示：「那是你自己的脖子，我希望你不要折斷它。」），三名太空人在沒戴太空頭盔之下安全返航。那次飛行任務完成不久，舒拉便充分利用那次糟糕的經驗，拍了幾支感冒藥的電視廣告，告訴觀眾每個膠囊都能有效舒緩打噴嚏和鼻塞的症狀。

儘管有人感冒，導致氣氛緊張，阿波羅7號的任務還是相當成功。驚人的農神5號火箭按計畫發射了，幾乎所有的設備和程式都精準地運作了。那是極其複雜又費力的工程，再小的失誤都可能釀成災難。

阿波羅計畫後來證明是極大的成功，因為每位參與者都相當盡責認真。他們有強烈的責任感，他們的態度可以用一句強而有力的口訣來概括：「這不會因為我而失敗。」

登月祕訣

舒拉愛說笑

研究太空任務的檔案，你很快就會發現舒拉愛說笑的證據。

一九六五年聖誕節的前幾天，舒拉和同事湯瑪斯．史戴福（Thomas Stafford）執行雙子星計畫的任務。他們搭乘火箭後，順利發射升空。在飛行過程中，舒拉和史戴福告訴任務控制中心，他們剛剛看到一個不明飛行物：

我們看到一個類似衛星的物體，從北往南飛，可能是在極軌道上。它的飛行軌跡很低，從北向南飛行，爬升率很高……看起來它可能很快就會進入大氣層。

任務控制中心急忙搜尋螢幕，尋找那個神祕景象的證據。這時，控制人員驚訝地聽到耳機傳來〈聖誕鈴聲〉的歌曲。

兩名太空人偷偷帶了一把小口琴和一些鈴鐺上了太空船，在艙裡開心地演奏起來。任務控制中心這時才發現，目擊聖誕老人及演奏聖誕歌是惡作劇，隨即跟著他們歡度那一刻。

舒拉和史戴福是第一批在太空中演奏樂器的人，他們的口琴和鈴鐺如今放在史密森尼美國國家航空太空博物館（Smithsonian National Air and Space Museum）展示。

此外，在執行任務期間，舒拉必須把尿液排在太空中。他注意到尿液排出後立刻凝固，變成一片金色的微粒噴霧。舒拉拍了幾張噴霧的照片，回到地球後，他試圖說服天文學家相信那些照片是一個新星座「Urion」（尿座）的證據[12]。

有強烈的責任感及認真看待事情很重要，不過，別忘了偶爾放鬆一下。但重點是，一定要讓每個人感到開心。研究顯示，負面的幽默（例如侮辱或諷刺）往往會導致分歧與分裂，正面的幽默則有助於提升士氣、樂觀、抒壓、團結[13]。舒拉的玩笑算是老少咸宜，幽默風趣——你也可以仿效他，確保每個人都開心。

培養提升自我的態度

「這不會因為我而失敗」的態度，其背後的心理學是源自於加州心理學家路易斯・特曼（Lewis Terman）的開創性研究[14]。

特曼生於一八七七年，對天才的概念相當著迷。他畢生致力研究聰明究竟是歸因於先天遺傳居多，還是歸因於後天環境居多。他完成這方面的博士論文後（標題是〈天才和愚蠢：七位「聰明」男孩與七位「愚笨」男孩的智力發展過程研究〉），在史丹佛大學找到教職，並開始投入心理學史上延續最久的研究。

一九二〇年代，特曼從加州各地的學校找出一千多位非常聰明的孩子，開始追蹤他們的生活。每五年左右，特曼的團隊就會聯繫參試者（他們後來有「特曼人」〔Termites〕之稱），請他們完成各種心理測試，以描繪那五年的生活。

特曼的成就很多，他創造了「智商」（簡稱IQ）一詞，開創長時間追蹤研究對象的實驗技巧（所謂的「縱向研究」），激發那些參試者產生強烈的忠誠度（一九四〇年代初，許多特曼人參加二次大戰，在前線的掩體內填寫特曼的問卷）。長時間下來，特曼和他的繼任者從這些驚人的資料中探索智力和成功之間的關係。對一些人來說，那些結果似乎證明了聰明對一個人的功成名就很重要。畢竟，許多聰明的特曼人後來享有豐厚的收入，有些特曼人甚至榮登《美國名人錄》（*Who's Who in America*）。然而，批評者也很快指出，這種成功至少有一部分應該是源自於特曼人參與研究所獲得的心理提振效應。由於爭論持續不休，研究人員更深入探索資料，並開始研究與成功有關的其他因素，結果令他們大吃一驚。

心理學家衡量性格時，通常關注五個關鍵特質：外向性（社交力）、開放性（創意）、親切性（友善度）、神經質（情緒穩定性）、盡責性（自律）。研究團隊看那些與成功有關的因素時，發現盡責性始終是最重要的因素之一，而且在民調中常擊敗智力和其他人性特質。[15]

盡責性很快就成為熱門話題，全球各地的研究人員針對這個主題發表了上百篇科學論文。無論他們鎖定哪個領域，研究哪些對象，都出現相同的正面模式。盡責的人在校成績通常比較好，不太可能犯罪，更有可能找到工作及持續就業，比較可能升遷到高層，享有較高的收入，感情和婚姻關係特別融洽[16]。事實上，即使只是跟盡責的人相處，對你也有好處。

聖路易斯華盛頓大學的心理學家花了五年，研究一個人的收入受到伴侶性格的影響有多大。他們也發現，盡責性的影響最大——有個盡責的伴侶，往往和收入更高、工作滿意度更高、升遷機會更高有關[17]。就像人格的主要面向一樣，盡責性反映了多種行為，包括守時、按時完成任務、勤奮努力、不拖延，誠信正直[18]。

盡責的人通常比較有條理，所以更擅長準備考試、面試、寫作業。他們也養成健康的習慣，所以通常不抽菸、不酗酒、不魯莽駕駛。他們會完成任務，而且做得很好，因此又獲得更大、更重要的任務和專案。他們言出必行，所以享有獲得信任和尊重的好處。簡言之，你可以確信，一項專案絕對不會因為他們而失敗。

幸好，研究人員發現，每個人都可以提高自己的盡責性，做法包括：培養內控心態，避免拖延，養成成功人士的七個習慣，記住一個有關充氣學校的老笑話。

培養內控心態

請讀下面的句子，並從每對句子中圈出你最認同的敘述。

A欄	B欄
生活中的許多負面事件都是偶然發生的。	看似運氣不好的事情之所以發生，其實是因為自己犯了錯。
無論我們再怎麼努力阻止戰爭發生，戰爭永遠會是生活的一部分。	人們對政治更感興趣的話，戰爭就會減少。

命運往往主宰了生活中發生的事情。	人們可以藉由決定和行動來引導自己的生活。
偉大的領袖是天生的，不是培養出來的。	成功的領導者是透過經驗和勤奮工作的累積。
考試的題目往往不可預測，所以不值得努力學習。	如果你是學生，並且認真讀書了，那麼多數的測驗是公平的。
找到好工作，往往是因為在正確的時間出現在正確的地點。	努力工作並充分把握機會的人，最終會有比較成功的職業生涯。

大約在阿波羅計畫的期間，心理學家朱利安．羅特（Julian Rotter）提出「控制點」（locus of control）的概念[19]。羅特認為，一個人相信自己對人生有多少掌控權，可以做為性格分類的依據。更具體地說，羅特認為，內控性格和外控性格之間是一道連續的平面，每個人都落在這個平面之間的某一點。外控性格較強的人，往往會把自己的情況歸因於外部力量（例如機

會、強大的政府、當權派、管理高層、外星人）；內控性格較強的人，往往覺得生活中的事件是由自己的想法和行動主導的。

你剛剛完成的測驗是以羅特的理論為基礎設計的。看看你剛剛圈選的敘述，就可以知道你是偏向內控性格或外控性格。你從A欄選出多少敘述？從B欄選出多少敘述？如果你有強大的外控性格，你會圈起A欄的所有敘述。如果你有強大的內控性格，你會圈起B欄的所有敘述。多數人是介於這兩種極端之間。

多年來，成千上萬的人在世界各地的研究和實驗中完成了這類問卷調查[20]。一般來說，外控性格的人不相信自己的努力會改變任何事情，所以常感到絕望和無能為力。相反地，內控性格的人相信他們可以塑造自己的生活，是個人命運的主人，所以他們比外控性格者快樂、健康、成功，也比較願意為自己的行動負責，努力實現夢想，在面對失敗時堅持下去，完成他們啟動的任務[21]。

這個道理也可以套用在成功和失敗上。我們常以為成功是因為自己的努力和內在天賦，失敗是因為運氣不好及其他人害的。然而，盡責度高的人無論遇到順境或逆境，都比較願意承擔責任，所以比較可靠，也值得信賴[22]。

當然，你無法控制一切。生活的某些方面確實是受到機運、成長背景或其他人的影響。然而，若要提升盡責感，你可以培養內控心態，把焦點放在你可以用來塑造世界的力量上。

防止拖延

「明天通常是一週中最忙的一天。」

——西班牙俗諺

你懂那種感覺。一天剛開始，你有個重要的任務要做，但你卻查看電郵，看鴨子溜滑板的影片，出去買新記事本，烹煮咖啡，外出遛狗，更換樓下廁所的燈泡，聽播客，再出去遛狗一次，做晚飯，打電話跟朋友聊天，修補襪子，為那扇吱吱作響很久的門上油，最後一次遛狗，然後就上床睡覺了。

調查顯示，約95%的人會拖延（剩下的5%說他們等隔天再回應調查）。為什麼你會拖延？更重要的是，你該怎麼解決這個症頭呢？

盡責的人很擅長避免拖延。有幾個技巧可以幫你停止拖延，開始行動。

想想未來

在《辛普森家庭》（*The Simpsons*）的某集中，瑪姬告訴老公荷馬，有一天孩子會搬出去住，他會後悔沒多花點時間跟孩子相處。荷馬給自己倒一杯酒，說那是「未來荷馬」的問題，他一點也不嫉妒那個傢伙。

多數人的想法跟荷馬很像，他們活在當下，不去多想自己的行為可能造成的長期後果。他們享用美味的杯子蛋糕，不去想長期的體重增加；或再抽一根菸，不去多想抽菸對健康的負面影響。這種「享受當下」的想法也助長了拖延症，例如，拖延者選擇出去夜遊，而不是及時報稅；或是打電動玩具，而不做重要的專案[23]。

從好的方面來看，研究顯示，花點時間從長遠的角度來看事情，會產生驚人的效果。幾年前，心理學家哈爾．赫斯菲爾德（Hal Hershfield）找來一群年輕的參試者，讓他們進入虛擬實境的實驗室，看著鏡子。

研究人員鼓勵一些參試者關注當下，並讓他們在鏡中看到自己的正常形象。研究人員鼓勵另一批參試者思考未來，並讓他們看到自己步入暮年的老化影像。接著，他們給參試者一千美元，並給他們機會把一些錢存入長期儲蓄帳戶。那些看了年老影像的人在儲蓄帳戶中存了較多的錢[24]。

同樣的道理也可以用來對付拖延症。例如，為了避免拖延，你可以思考不趕快行動的話，隨著截止日期逼近，壓力會愈來愈大；或是想想延遲減肥會導致體重增加，甚至釀成疾病；或是不趕快回覆堆積如山的電郵，會降低你升遷的機率；或不開始寫報告的話會連累別人，讓人對你產生不好的印象。

想想你現在不開始做的話，未來可能出現的問題。

逐步推進

阿波羅計畫的飛行控制員博斯蒂克針對效率和生產力，分享了一個簡單有力的見解：「不要因為你沒時間做想做的所有事情，就什麼也不做。」[25]同樣的道理也適用在拖延症上。眼前的任務過於龐大時，常使人望而生畏，不知該怎麼動手，因此什麼也不做。

想要解決這種問題，可以像建築工人那樣，從一磚一瓦做起。減肥五公斤看似不可能的目標，也容易讓人拖著不減。然而，設定每月只減半公斤的目標，你就會動起來了。

同樣地，一心只想要創業成功，可能讓人覺得壓力很大，失去動力。但每週花一晚的時間在新事業上，則比較應付得來。

重點是讓自己啟動，因為一旦啟動後，要繼續下去就容易多了。此外，沿用那個建築工人的比喻，當你把自己視為勤奮努力的工人時，無論晴雨、內心想不想做，你還是會上工，打好地基，混合水泥，開始砌牆。避免覺得你一定要有適合的心情或心態才開始。不要理會感受，繼續做下去就對了。

像個優秀的建築工人，從一磚一瓦做起，而且不分晴雨都上工。

設定巧妙的期限

截止期限並不單純，巧妙地設定期限可以發揮很大的效果。幾年前，佛羅里達大學的涂豔蘋教授（Yanping Tu）發現，一般人常根據目前還剩下幾天、幾週、幾個月或幾年來劃分截止期限。在一項研究中，她告訴參試者：只要在未來六個月內開一個銀行帳戶，就可以獲得獎勵。一些參試者是在六月得知這個獎勵方案，最後的開戶期限是十二月；另一些參試者是在七月得知方案，最後的開戶期限是一月。結果顯示，「六月至十二月」那組有較多人開戶，為什麼？因為任務跨及下個年度時，參試者認為那件事可以推延到以後再做[26]。同樣地，在另一項研究中，研究人員在週一給一群參試者一項任務，要求他們週五前完成；然後在週四給另一群參試者同樣的任務，要求他們在下週一之前完成。結果再次顯示，最後期限跨到下週時，參試者比較容易拖延。涂豔蘋教授的其他研究顯示，在日曆上標出最後期限是有幫助的。你可以用同樣顏色標出目前到截止期限的每一天，然後逐一編號。

最後，期限的設定愈明確愈好。不要告訴別人你會在週末之前交報告，而是講好你會在週五下午三點以前把報告送到他的桌上。

設定有緊迫感的截止期限。

登月祕訣

拖延症

任務控制員與外界徹底隔絕，他們完全專注在登月任務上。你也可以學他們，想辦法減少周遭那些令人分心的旁騖，例如關閉電郵程式、關閉手機、關閉社群媒體，避免在電視附近或床邊工作。

成功人士的七個習慣

多年來，心理學家已經找出盡責者的習慣。你可以把這些習慣融入生活中，看看會發生什麼事。

・習慣一：有條有理

盡責的人很有條理。在家裡，他們每天早上都會整理床鋪，用餐後馬上清洗碗盤，垃圾桶滿出來以前就倒垃圾。在職場上，他們保持辦公桌的整潔，文件歸檔妥當。此外，他們也會規劃每一天，以列清單及經常查看行事曆的方式來記住重要的資訊和日期。

做事有條有理。在職場上，把成堆的文件歸檔，把筆放在標有「筆類」的抽屜裡，清洗半滿的咖啡杯。每天早上花五分鐘規劃那天的任務，每天結束工作時清理辦公桌。同時，養成寫下重要資訊的習慣。企業家理查・布蘭森（Richard Branson）總是隨身攜帶一本筆記本，歐普拉一生的大部分時間都有手寫日誌的習慣，導演喬治・盧卡斯（George Lucas）常把自己的想法寫在筆記上。

• 習慣二：時間減半

一九五五年，英國史學家兼作家西里爾・諾斯古德・帕金森（Cyril Northcote Parkinson）指出，工作會自己膨脹，直到占滿可用來完成工作的時間為止。這個概念後來稱為「帕金森定理」（Parkinson's Law）。經過測試後，沒想到這種現象確實存在[27]。盡責的人知道截止期限愈短，會激勵他們找出簡化任務、阻止他們浪費時間的最好方法。

判斷一項任務需要多長的時間，然後給自己一半的時間去完成那件事。你原本安排一個小時的電話會議嗎？你可以把時間減少為三十分鐘。你原本預訂三天寫完作業嗎？你可以把目標訂在兩天內完成。即使你沒有把所有的事情做完，完成大部分的任務也可以幫你騰出時間，讓你專注在那些問題更大的事情上。

• 習慣三：早到十分鐘

盡責的人很守時[28]，他們不會錯過會議，不會在最後一分鐘取消會議或遲到。部分原因在於他們通常有戴錶，戴錶的人比較可能準時[29]。此外，他們對於去某個地方要花多長的時間，有比較準確的時間感。幾年前，聖地牙哥州立大學的心理學家傑夫·康堤（Jeff Conte）研究兩組參試者的時間感[30]。一組參試者比較守時，另一組參試者老是遲到。他請兩組參試者判斷一分鐘感覺有多長。守時的人判斷得比較精準，他們的一分鐘幾乎就是六十秒那麼長。遲到的人對一分鐘的觀感比較接近八十秒。盡責的人知道，計畫再怎麼規劃，往往趕不上變化，所以他們會為可能的問題預留餘地，例如公共汽車誤點或塞車。

對於你到某處需要花多少時間，做切合實際的評估。預先考慮到意外的延誤，戴上手錶，提前抵達。一些任務控制員以前常說：「如果你開會沒有提早十分鐘抵達，你就算遲到了。」

・習慣四：青蛙管理法

盡責者更有可能遵循馬克·吐溫的建議，採用青蛙管理法。馬克·吐溫曾說：「如果你的任務是吃掉一隻青蛙，最好一早就把青蛙吃了。如果你的任務是吃掉兩隻青蛙，最好先吃掉最大的那隻。」

他講的是提高生產力的好方法。如果你不想做某件事，一早就先把那件事解決掉，因為早上的精力比較旺盛，而且完成任務後也會產生成就感，為接下來的一整天提供動力。

每天早上從處理最難的任務開始做起。

・習慣五：不要過度承諾

盡責的人之所以信守承諾，最重要的原因在於他們不會過度承諾。二〇〇八年，普林斯頓大學的艾蜜莉・普羅尼（Emily Pronin）以醬油和番茄醬調出難喝的飲料，拿給參試者喝[31]。她請一些參試者判斷當下他們願意喝下多少難喝的飲料。她問另一群參試者，兩週後願意喝下多少飲料。「當場組」只願意喝兩湯匙，「兩週組」估計他們未來願意喝半杯。同樣的情況每天都在發生，我們都會高估自己未來擁有的時間和精力，導致自己最後必須承擔超出負荷的任務。

做未來的承諾時，你可以學盡責的人那樣自問：「我明天想做這件事嗎？」如果答案是否定的，那就想辦法懇辭那件事。

・習慣六：懂得暫停

無法克服即時滿足的欲望，容易讓人養成惡習、陷入財務麻煩、出現健康問題、缺乏生產力、陷入全面怠惰。盡責的人擅長避免即時滿足的誘惑。在金錢方面，他們往往不會衝動購買，不會讓消費超過信用額度，也不會遲繳帳單。同樣地，在健康飲食方面，他們不容易放縱口欲，所以會避免大啖糖果和巧克力。因為有這種高度的自制力，他們比較容易在問題發生以前先預防。例如，在財務方面，他們不會購買不想要或不需要的東西，也會避免支付滯納金或信用評級下降。同樣地，他們會避免含糖的零食，所以也比較不會過胖及出現健康問題。

克服即時滿足的欲望，通常需要懂得暫停。當你想要衝動行事時，就暫停下來。試著在誘惑和行動之間騰出一些空間。如果你很容易衝動購物，就自問：我真的需要那個東西嗎？即使答案是肯定的，你還是可以先離開，去喝杯咖啡，好好想想。同樣地，如果你突然想吃不健康的零食，你可以花點時間思考一下，自問：那是最好的做法嗎？如此一來，你便給自己一個機會做更好的選擇。

‧習慣七：**公平**

幾年前，南佛羅里達大學的研究人員要求一群理科生完成一項性格測試，並問他們在實驗室研究多長的時間[32]。在填問卷之前，他們告訴參試者，在實驗室內做研究可以得到獎勵（課程學分），而且待在實驗室的時間愈長，獎勵愈大。接著，研究人員偷偷記錄這些學生在實驗室裡**實際**待的時間，他們發現盡責的學生回答得比較誠實。這種誠實感也延伸到日常生活中。盡責的人比較不會在時間表上作弊、偷拿辦公用品、說謊、在遊戲和運動中違規、亂扔垃圾、借東西不還，或擅自使用別人的東西。他們非常在乎公平，犯錯時比較可能認錯道歉[33]，並尊重他人。

> 盡責的人比較誠實，因此獲得周遭人的信任和尊重。他們誠實可靠，不會剝削他人，也不會多拿東西。

充氣學校

有一個老笑話是這樣說的：「充氣老師看著充氣學生在充氣學校裡拿著大頭針製造混

亂，老師說了什麼？」答案是：「你讓我失望，你讓學校失望，最重要的是，你也讓自己失望了。」*

不過，講正經的，不讓人失望有助於提升一個人的盡責度。克拉夫特的卓越領導風格，為任務控制中心灌輸了一個最重要的心態：這不會因為我而失敗。克拉夫特賦予員工任務，接著就放手讓他們去做。每個人都尊重他，勤奮努力，亟欲展現出他們確實值得他的信任。

- 找到你的克拉夫特。在現實生活中，你崇拜誰？也許是父母、老闆、同事或朋友。現在想像你想把手邊的事情做好，讓他對你留下好印象。如果你不想讓他失望，想確保你竭盡所能地完成任務，你會怎麼做。
- 如果你想激勵別人，可以採用克拉夫特的做法：給他一個值得追求的目標，讓他不想讓你失望。德國作家兼哲學家歌德說過：「如果你以一個人當下的程度來對待他，他會維持原狀。但是，如果你以他應當達到且能力可及的程度來對待他，他就會進化到那個應有的狀態。」

* 譯注 ——
let down 有「讓人失望」的意思，也有「消風」的意思。

摘要。

培養提升自我的態度時，謹記阿波羅任務的口訣：「這不會因為我而失敗。」

- 把焦點放在你可以掌控的力量上，培養內控心態。
- 以思考未來、逐步推進、設定巧妙期限等方式來克服拖延的心理。
- 養成盡責者的七個習慣，例如青蛙管理法、總是提早十分鐘抵達，自問一個神奇的問題：「我明天想做這件事嗎？」
- 想想你崇拜的人，想像他託付你去完成任務，不要讓他失望。

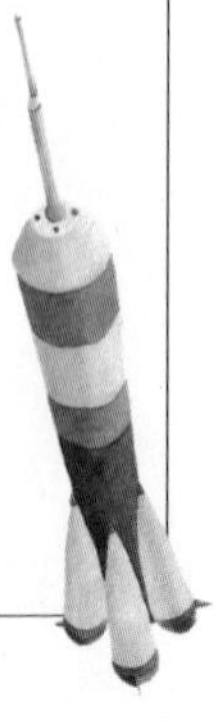

登月祕訣

奉獻

底下這個小故事說明了一些任務控制員有多麼投入工作。

飛行控制員約翰．呂衛倫（John Llewellyn）的精神相當可敬。有一次，他開車去任務控制中心時，車子打滑，衝出公路，穿過了帶刺的鐵絲網。呂衛倫無法把車子開出泥濘的田地，乾脆在黑暗中淋著雨，步行好幾公里去上班。

還有一次，他上班快遲到了，又找不到停車位，乾脆把車子開上建築的樓梯，直接把車子停在大門口，結果車子被拖吊了。

少了車子並未妨礙他上班。幾天後，他騎馬來上班，把馬拴在任務控制中心的停車場。

決心做某事時，就要全心投入，堅持到底。

6.

「只要有心上月球，遲早會上去。」

放膽投入未知的登月任務，學習如何找到即刻行動、
不再光說不練的勇氣。

一九六八年底，蘇聯在太空競賽中再下一城。他們的太空船「探測器5號」（Zond 5）飛進太空，環繞月球後，安全返抵地球。探測器5號上有一群奇怪的生物組合，包括兩隻烏龜、一群果蠅、幾隻穀蟲。蘇聯人還在太空船上安裝了一個播音機，用來播放太空人講話的錄音。結果一如所料，美國人接收到錄音內容，以為他們的勁敵已經設法把一個人送上月球了[1]。

探測器5號返回地球時，蘇聯科學家發現那些生物在太空旅行中倖存了下來，唯一的不良影響是出現在烏龜身上，烏龜的體重減輕了約10%。於是，美國又一次在太空競賽中落後了。更糟的是，中央情報局還截獲一系列的機密資訊，那些資訊顯示蘇聯正加緊腳步，準備在一九六八年底以前把人類送上月球。

壞消息不斷傳來。美國的下一個太空任務是阿波羅8號。最初這個任務的目的是為了繞地球軌道運行及測試登月艇。然而，登月艇一直有問題，工程師認為一九六九年二月以前登月艇應該無法運作。探測器5號的成功令美國資深的航太官員陷入恐慌，擔心登月艇延誤太空任務的進行，因此大膽提議變更計畫。他們建議不要讓阿波羅8號只是繞著地球運行，而是乾脆讓太空人變成第一個環繞月球飛行的人類。

面對恐懼和不確定性

管理高層問阿波羅計畫的工程師和科學家，能不能在短短幾個月內為這個雄心勃勃的新任務做好準備。這個任務的風險顯而易見，只要太空船的軌道稍有傾斜，太空人就會衝到更遙遠的太空，或是撞向月球。此外，這次任務將把太空人帶到月球的後面，太空船在那裡會與任務控制中心失去聯繫。那段時間內，他們必須進行巧妙的操作，把太空船送入繞月軌道。只要發生一丁點的錯誤，都有可能是致命的。但飛行主任倫尼聽到改變計畫的提案後，他只覺得：嘿，有何不可呢？

> 我得知他們的想法後，第一個反應是：「且慢，我們還做不到。」但我多想了一、兩分鐘後，對自己說：「其實這主意挺棒的，我怎麼沒想到呢？」很多人都有那樣的反應。多年來，我們一直在為這項任務做準備，本來就打算晚些時候進行這項計畫。我們能在幾個月內變得更聰明嗎？不能。設備會變得更好嗎？可能不會。我們知道風險是什麼，也知道我們遲早要冒那些風險，既然如此，那還等什麼？[2]

在一次會議上，倫尼以一句強而有力的話總結了他的想法：「只要有心上月球，遲早會上去。」[3]任務控制中心同意徹底改變計畫，太空人法蘭克・博爾曼（Frank Borman）、詹姆斯・洛維爾（James Lovell）、威廉・安德斯（William Anders）獲選為這項任務的執行者。任務團隊其實無法確定這項任務一定成功。後來，博爾曼的妻子蘇珊請飛行主任克拉夫特務實地評估她的丈夫活著回來的機率。克拉夫特沉吟半晌後回答：「一半一半吧。」[4]

於是，任務如火如荼地展開，每個人都開始為阿波羅8號的歷史性任務做準備。每一次阿波羅任務的成本都很高昂，把一枚農神5號火箭送入太空的成本估計是一・八五億美元（相當於今天幣值的十一・六億美元），光是火箭本身的造價就高達一・一億美元。一九六八年九月下旬，阿波羅8號所使用的農神5號終於完成組裝。約兩週後，NASA把這枚巨大的火箭緩慢地推向發射台。經過廣泛的測試後，預訂於十二月二十一日發射。

在出發前一天，舉世聞名的飛行員查理斯・林白（Charles Lindbergh）造訪阿波羅8號的太空人。一九二七年，林白首次完成橫跨大西洋的不間斷飛行，以三十三小時三十分鐘的時間完成從紐約到巴黎的五千八百公里飛行，一舉揚名國際。而今，才過四十一年，阿波羅8號太空人的目標是在太空中飛行超過三十八萬公里，接著環繞月球飛行，然後安全返回地球。林白在離開之前算出，農神5號發射時，第一秒消耗的燃料是他橫跨大西洋所消耗總燃料的十倍。

發射當天，成千上萬人聚集在卡納維爾角，等待巨大的農神5號火箭從甘迺迪太空中心發射。幾公里外，博爾曼和隊友進入無塵室，進行最後的準備，爬進指揮艙。向來細心的溫特在每個指揮艙座位上掛了一個小小的聖誕裝飾[5]。溫特小心地幫太空人繫好安全帶，接著關上指揮艙的艙門。阿波羅8號終於準備升空了。農神5號火箭的每個階段都表現得很完美，不久太空人就進入環繞地球的軌道。三小時後，太空人啟動引擎，加速到時速三萬八千公里左右，成為最早航向月球的人類。

他們有很多事情要做。阿波羅8號的導航系統主要是依賴天體圖、望遠鏡和六分儀。當初哥倫布也是用同類的設備抵達美洲，太空人必須經常使用這種古老的技術來確定太空船朝著正確的方向前進。此外，太空人每小時必須旋轉一次太空船，以防止太陽把外部的面板晒得太熱——這個流程稱為「被動熱控制」（passive thermal control），任務團隊的多數人稱之為「烤肉旋轉」。

不幸的是，太空人也必須處理他們的尿液、糞便和嘔吐物。在航程中，博爾曼出現嚴重的「太空適應症候群」，導致太空船內充滿了嘔吐物和腹瀉的小球體。為了儘量減少干擾，太空人忙著在指揮艙內穿梭，以紙巾抓住那些液滴。

另一個負面消息是，阿波羅8號上的食物不好吃。太空人的食物都是冷凍放在真空室，以去除所有的水分。太空人用餐時，先用水槍把熱水或冷水注入包裝中，再把包裝裡的糊狀物擠進嘴裡。

這次任務出奇地順利：吃了三天的真空包食物，做了幾次「烤肉旋轉」，處理掉漂浮的糞便後，阿波羅 8 號迅速地接近月球。

如何保持冷靜，繼續前進

為了開始繞月飛行，太空人必須進行一項特別危險又棘手的操作。那個過程需要旋轉太空船，接著啟動引擎系統，以便產生一個反方向的力道。這是為了使太空船減速，並確保月球的引力抓住太空船。萬一引擎系統無法啟動，太空人會在月球周圍旋晃，並直接被甩回地球。如果引擎燃燒的時間太長，太空人可能迅速降落到月球表面，無意間成為第一批抵達月球的人類。更糟的是，這個困難的程序必須等太空船繞到月球的後面才能進行，那時他們會與任務控制中心失去聯繫。

在失聯前約三分鐘，任務控制中心發送一份跟卡士達蛋糕有關的加密訊息給太空人。這則奇怪的訊息是源自於阿波羅 8 號的指揮官博爾曼和其妻蘇珊。博爾曼曾在軍中服役，當過試飛員。蘇珊知道丈夫面臨危險時，她以「卡士達蛋糕在烤箱內以一七五度烘烤」這句話來輕鬆地表達她在想他及照顧家人。有些任務控制員知道這句話，所以阿波羅 8 號消失在月球後面約三分半鐘前，任務控制員對博爾曼說：

卡士達蛋糕在烤箱內以一七五度烘烤。通話完畢。

這則訊息很可愛，也很感人。遺憾的是，由於通訊的性質難以預料，再加上靜電噪音太多，所以博爾曼聽不懂那句話。過了一會兒，博爾曼答道：「不懂。」然後就沒回應了。

在失聯前的幾秒鐘，任務控制中心祝福太空人一路平安。洛維爾樂觀地回應：「我們到另一邊再見了。」片刻之後，阿波羅8號就消失在月球後面。

太空人現在必須執行把他們送入月球軌道的任務，這個程序不容許有任何差錯。在理想的世界裡，他們會把太空船轉過來，並在確切的時間啟動引擎，讓引擎燃燒四分兩秒，不多也不少。一切按計畫進行的話，任務控制中心會在阿波羅8號從螢幕上消失約三十二分鐘後恢復聯繫[6]。

任務控制員幾乎都在沉默中等待。每個人都知道，萬一太空船沒出現，他們也無法知道出了什麼問題。在那種情況下，再派另一批太空人執行類似的任務就太魯莽了，那可能也代表整個阿波羅計畫的結束。飛行主任倫尼知道這時每個人都只能等待，所以他乾脆告訴控制員現在是休息的好時機。於是，大家紛紛點菸，嚼口香糖，啜飲咖啡。

⑥「只要有心上月球，遲早會上去。」

大膽無畏的收穫

引擎的燃燒完全照計畫進行，太空人後來形容那是他們生命中最漫長的四分鐘。阿波羅 8 號進入月球軌道後，博爾曼、洛維爾、安德斯成為第一批抵達月球背面的人類。接著，在預訂的時刻，阿波羅 8 號再次出現在任務控制中心的螢幕上，與地球恢復了聯繫。控制員開始歡呼、鼓掌、互相道賀。這個好消息也透過廣播傳給正在等待的世界，數百萬人跟著歡慶這一刻。英國的頂尖天文學家伯納德．羅維爾爵士（Sir Bernard Lovell）把這一刻稱為「人類史上最有歷史意義的發展之一」[7]。

三名太空人在月球上方約一百多公里的軌道上運行，他們可以近距離地看到月球表面。三人從太空船的小窗戶向外看，對於舉目望去看似無邊無際的灰色月塵感到震撼。博爾曼後來描述那是「一片廣袤、孤寂、令人生畏的無物之地」。在接下來的二十個小時裡，三名太空人反覆地繞著月球飛行，拍攝照片，為下次任務評估可能的登陸點，並為環形山命名。洛維爾特地把其中一座環形山命名為「瑪麗蓮山」以獻給愛妻。

在某個時刻，地球從月球的地平線後方出現，三位太空人成為第一批見證「地球升起」的人類。他們對於那一幕景象特別興奮（安德斯喊道：「哦，天啊！看那邊！地球升起來了。哇！真美！」），他們拿起相機，拍了幾張照片。二〇一六年，《時代》雜誌把那些照片評選為二十世紀最具影響力及詩意的照片之一。

在聖誕夜，阿波羅8號第九次繞月飛行，太空人開始向地球進行電視直播。數百萬名觀眾守在電視機前，每個太空人各讀了一段《聖經》的〈創世紀〉（「起初，神創造天地……」），博爾曼在廣播的最後祝地球上的人聖誕快樂。在太空上朗讀《聖經》的想法，是NASA一位公關人員的妻子想出來的。他們把那些文字列印在防火紙上，塞在太空人的任務筆記後面[8]。那次廣播是動人又戲劇性的一刻，後來太空人因此獲得艾美獎。許多任務控制員都是有信仰的人，對他們來說，朗讀《聖經》更是意義非凡。博斯蒂克當時坐在任務控制中心的前排，他靜靜地祈禱，感謝上帝讓他成為這個歷史性任務的一份子。[9]

許多地球人趁著耶誕假期好好睡午覺的時候，阿波羅8號的太空人正為另一項極危險的任務做準備。為了返回地球，太空人必須再次啟動引擎。萬一引擎無法啟動，太空人將被困在月球軌道上，最終死於繞月飛行。同樣地，萬一引擎燃燒的時間過長，或是沒在確切的時間點進行的話，阿波羅8號可能衝向太空深處。這個棘手的程序同樣必須在月球背後進行，因此太空船會再次與任務控制中心失聯。

查理斯・狄特里屈（Charles Deiterich）那天在控制中心值班。他和許多同事一樣，出身背景普通。他生於賓州的小鎮，父親是機師，母親是鄉下學校的教師。年輕時，他拿到大學獎學金，攻讀物理，發射過幾枚自製的火箭，後來在NASA載人太空船中心找到工作。在阿波羅8號任務中，狄特里屈負責協助確保太空人安全返回地球。他對那段時期記憶猶新：

這是非常艱巨的任務。任務控制中心所在的大樓一樓，裡面裝了幾台大型的電腦主機。我們想讓太空船沿著一定的軌道飛行時，會向一樓發出請求，電腦會算出我們達成任務所需的資料。在執行任務之前，我們已經拿到很多那樣的資訊，所以我們可以告訴太空人，引擎該燃燒多久、什麼時候該發生，以及用望遠鏡觀察哪些星星，以便知道他們是朝著正確的方向前進。在阿波羅8號起飛之前，我記得我與博爾曼見過面，並用他的刮鬍泡罐子來示範太空船重返大氣層時需要如何定位！[10]

一九六八年的聖誕節，阿波羅8號消失在月球後面，試圖點燃引擎，以便把他們帶回地球。在任務控制中心裡，狄特里屈和同事則是等著看他們的計算是否正確。與阿波羅8號失聯約四十分鐘後，任務控制中心試圖與太空人重新聯繫。他們最初的嘗試沒收到任何回應。接著，太空船的蹤影突然在螢幕上亮了起來。引擎的啟動一如計畫般精準，阿波羅8號正朝著地球前進。對洛維爾來說，返航的軌道是美好的聖誕禮物，他跟任務控制中心分享了他的喜悅之情：「請注意，這裡有個聖誕老人。」

幾個小時後，太空人打開食物櫃，開心地發現一個綁著紅綠絲帶的小包裹。裡面是一盒熱穩定的火雞，冷凍脫水的蔓越莓蘋果醬，以及三小瓶白蘭地。博爾曼要求隊友不要喝酒，那三瓶白蘭地在飛行完成多年後都未開瓶。

登月祕訣

「整個團隊最非凡的特色是，我們都很平凡！」

聆聽阿波羅計畫的一些歷史性錄音，你可能會聽到道格．沃德（Doug Ward）的聲音。他以「阿波羅5號之聲」著稱，從任務控制中心進行現場直播，向大眾冷靜地報告眼前發生的戲劇性事件。多年後的今天，沃德仍清楚記得在控制中心工作的情景：

每次我都是頂著耀眼的德州陽光及難受的休斯頓溼氣，穿過載人太空船中心的園區，走到任務控制中心。進入中心後，暖氣和空調系統維持著讓IBM電腦正常運作的涼爽溫度和低溼度。燈光的亮度往往不高，以便清楚看到控制台和前方螢幕的顯示。有些人說任務控制中心裡有披薩、咖啡、香菸的氣味，但我感受最深的是那種靜謐的平靜和沉穩的昏暗感。11

沃德認為阿波羅8號可能是阿波羅任務中最重要的一個。他現場直播太空人執行返航任務的操作情況：

引擎啟動是在月球的後方進行，太空船在那裡將與地球失去無線電聯繫。如果啟動成功的話，他們會比沒按照計畫進行時早幾秒鐘恢復聯繫。我坐在克拉夫特的旁邊，他平常都很冷靜，但我看得出來，我們等著看太空人是否安全返航時，他非常緊張。有兩個時鐘倒數著重新接收太空船訊號的時間，其中一個時鐘是顯示引擎啟動成功的倒數時間，另一個時鐘顯示引擎啟動失敗的倒數時間。12

沃德（一九六八年十二月二十五日）：

現在顯示，不到三十秒後，就會重新收到太空船的訊號。我們正在等待阿波羅8號冒出月球的地平線時，太空人重新聯繫後的第一句話。第一個時鐘倒數至零時，任務控制中心用無線電一次又一次地聯繫太空人……都沒有收到回應……接著，我們接收到太空船傳來的資料。

沃德（一九六八年十二月二十五日）：

這裡的飛行控制員稍微歡呼雀躍了一下。我們很快就會聽到太空人的話了。

就在這時，傳出洛維爾的聲音：「請注意，這裡有個聖誕老人。」大家都鬆了一口氣，尤其是克拉夫特。

沃德就像任務控制中心的許多人一樣，出身平凡，對自己的工作充滿了熱情：

我父親是五金行的店長，母親是家庭主婦。我很喜歡廣播，高中時就在地方的廣播電臺當DJ！如今回顧過往，我覺得整個團隊最非凡的特色是，我們都很平凡！13

阿波羅8號接近地球時，太空人拋棄那個為他們提供食物和水電的服務艙。當太空人重新進入地球的大氣層時，以時速約四萬公里的驚人速度飛行，變成一個以攝氏二七六〇度左右燃燒的火球。幸好，隔熱罩運作得很好，阿波羅8號最終在一九六八年十二月二十七日濺落在海上。

那年對美國來說是特別艱難的一年。越共和北越軍發動「新年攻勢」以突襲美軍。金恩博士和甘迺迪雙雙遇刺，美國大部分地區充滿了政治動盪。在這種悲慘、痛苦、內省的背景下，許多人把阿波羅8號的成功視為希望的燈塔。《時代》雜誌宣布，博爾曼、洛維爾、安德斯是該雜誌的「年度人物」，三位太空人也收到數千封的支持信。或許最具象徵意義的電報是發給博爾曼的一封匿名信，信中寫道：「感謝阿波羅8號，你們拯救了一九六八年。」

阿波羅8號是人類第一次在太空中航行數十萬公里，也是第一次有人親眼看到月球的背面。那需要大量的規畫和極大的勇氣。不過，話又說回來，正如倫尼所說的：

找到即刻行動、不再光說不練的勇氣

「無論你能做什麼，或夢想做什麼，那就開始吧。大膽啟動蘊含著天賦、力量和魔力。現在就開始！」

——歌德

發射阿波羅8號是個勇敢的決定。這次任務顯然風險很高，阿波羅團隊的準備時間較少。然而，任務控制中心意識到，停止光說不練、即刻行動的時候到了。這樣的冒險獲得了回報，那次任務非常成功。

你可能不需要決定要不要啟動月球任務，但很可能需要做其他一樣可怕的決定。也許你正考慮結束一段不快樂的感情，但又害怕孤單。或者，你正考慮離開乏味的工作，開始創業，卻又擔心潛在的財務不確定。或者，你想寫一部小說，但是擔心別人不欣賞你的作品。或者，你正考慮在工作中啟動一項新專案，但是擔心專案失敗。

五十多年來，心理學家一直在研究人類面對這類可怕決定的反應。他們發現人類的反應大致上可以分為兩大類：奮戰或逃逸[14]。

這兩組之間的差異可用一個簡單的場景來說明。想像一下，你正考慮辭去一份安穩但枯燥的工作，開始做自由工作者。但顯然，自己接案涉及很大的不確定性和財務風險，所以你覺得這個想法有點可怕是可以理解的。

如果你抱持「逃逸」的心態，可能會想要逃避恐懼。這種因應方式往往是因為想要趨避風險，再加上你重視現況所帶來的短期舒適感，更勝於長期變化所帶來的不確定感。在這個想像的情境中，這會使你把焦點放在失去穩定的收入來源，以及自雇的潛在風險上。不僅如此，在內心深處，你很清楚你怕冒險，所以編造了各種藉口以挽回面子。例如，你可能告訴自己和他人，在景氣好轉之前，你會堅守那個穩定的工作。

一般來說，這種應對恐懼的方式往往和失敗脫不了關係。逃離威脅會增加你陷入不佳狀態的可能性，你更有可能感到不快樂、害怕、不滿足。

相反地，你可能選擇奮戰而不是逃逸，你有勇氣面對恐懼，並期待正視恐懼可以帶來更好的未來。這種因應方式是行動導向、冒險進取的（而不是魯莽行事），你是把焦點放在克服潛在的問題上。在我們想像的情境中，你可能害怕離開穩定的工作，但你已經準備好評估做出改變及堅持現狀的風險。在不魯莽行事下，你更有可能容忍為了掌握自己的人生而自己當老闆的不確定性。如果你決定離開，你會立即採取行動，而不是找藉口拖延。

這種行動導向的因應方式有兩大優點。首先，你可以從實踐中學習。當那些抱著逃逸心態的朋友光說不練時，你捲起袖子苦幹實幹，所以你更有可能培養出實現計畫所需的技能。第二，勇敢站出去時，更有可能遇到志同道合的人及意想不到的機會。

奮戰心態往往和成功有關，或許一點也不意外，因為那種心態讓人比較不會害怕，鼓勵你採取行動，幫你成長及發展。

幸好，有幾個簡單的技巧可以幫你變得更有奮戰的鬥志。以下的技巧可以幫你正確地評估不變或改變的風險；鼓勵你採取行動，不再光說不練；阻止你過於魯莽；並激勵你克服與恐懼有關的身體不適感。

風險高，還是魯莽？

你登機時，有多緊張？你開車回家時會緊張嗎？很多人說他們對搭機的恐懼遠勝於開車。事實上，開車死亡的機率比搭機死亡的機率高了一百倍。不僅如此，多數人回到家後，面臨了幾個死亡陷阱，包括樓梯頂部的滑溜地毯、數千伏電壓的危險電線、廚房流理台上隨意放置的鋒利刀具。難怪統計資料顯示，其實住家一點也不溫馨，每年有成千上萬人死於家庭意外。

把恐懼納入考量後，這種不理性面對風險的方式變得更糟。研究顯示，人一旦感到恐懼，就會把焦點放在自我保護上，開始厭惡風險，並挑選短期最安全的選項。由於變化常帶有不確定性，所以這往往會使人堅持現狀。因為怕失去穩定的薪水，所以一直死守著枯燥乏味、缺乏成就感的工作。因為害怕孤單，而不敢切斷不愉快的感情。因為擔心失敗，而決定不啟動新的專案。

以下練習的靈感來自作者提摩西．費里斯（Tim Ferriss）在著作《人生勝利聖經》（*Tools of Titans*）中描述的一種技巧[15]。它的目的是幫你迴避恐懼的負面影響，以一種更冷靜、理性的方式來評估決策的利弊。

①想一個讓你感到害怕或焦慮的決定。那多半不是決定要不要啟動月球任務，但可能涉及你轉換職涯，約某人出去，結束一段感情，啟動一個新專案。

②想像你有一個玫瑰色的水晶球，能夠看到一年後的生活。仔細盯著球看，想像一下，你冒險做了改變，結果一切出奇地美好。花點時間描述你腦中浮現的最佳情境。

③但是，且慢！水晶球開始模糊起來了，出現另一個全然不同的未來。你看到一年後的生活，你冒險做了改變，但這次根本是一場災難。花點時間記下你腦中浮現的最糟情境。

④接著，估算你覺得最糟的情境可能發生的機率，從1分（不太可能）到10分（很有可能），請給分。別想太多，試著給一個誠實的評估。

⑤現在自問，萬一最糟的情境真的發生了，你會怎麼因應。那真的那麼可怕嗎？你會做什麼來彌補傷害？你以前遇過類似的問題嗎？你可以向誰求助？其他人遇過同樣的情況，而且安然度過難關嗎？花點時間寫下你的想法。

⑥接著，思考有沒有什麼事情是你可以做，以避免最糟的情境發生或盡量減輕衝擊的？你可以採取什麼預防措施？你有避免最糟情境發生的技能嗎，或你可以培養出那種技能嗎？花點時間寫下你的想法。

⑦做重要決定時，大家往往只關注做某件事情的風險，而忽視了不做的代價。想像一下，繼續維持現狀，你什麼都不做的情況。再一次，拿出水晶球來洞悉未來。如果你什麼都不做，一年後的生活會是什麼樣子？

這個練習的目的，是為了幫你瞭解何時該傾聽恐懼，何時該忽略恐懼。仔細看看你的答案，一切順利運作的好處是什麼？那個未來令你感到興奮嗎？可能發生的最壞情況是什麼樣子？你將如何因應？那種可怕的情況發生的可能性有多大？你可以做哪些事情來避免那種情況發生？那給你什麼感覺？什麼都不做的代價是什麼？切記，誠如甘迺迪所言：「採取行動是有風險和代價的。但是那些風險和代價遠遠小於什麼都不做的長期風險。」

你可能覺得你的恐懼是有根據的，維持現狀對你比較好。那也沒關係。或者，你可能認為最佳情境值得你去奮力爭取，你可以因應最糟的情況，或不作為的代價高得令你無法接受。這些情況下，你可能會決定找出面對恐懼及選擇改變的勇氣。這樣也很好。

勵志大師通常會鼓勵你去感受恐懼，無論如何還是勇敢去做。事實上，更好的做法是培養一種更理性、更冷靜的洞察力，去探索前進的最佳途徑，去冒險，但不要魯莽行事。

此時不做，更待何時

從逃逸心態轉為奮戰心態可能出奇地棘手。即使你決定直接面對恐懼，踏入未知，你可能還是會面臨一些心理障礙。當你站在改變的懸崖邊緣時，大腦可能會突然告訴你不要跳（不要變）。你可能不會承認你很害怕，而是很想以藉口來應付自己和他人的質問。底下的練習是用來解決大家最常拿來解釋自己不行動的四種藉口。

你發現你以底下的藉口來回應自己和他人的質疑時，可以追問一些後續的問題，以幫你判斷你的拖延究竟是反映真正的擔憂，還是因為你屈服於恐懼和顧慮。

我想改變，但是……

……我就是沒有時間。

你如何找到你需要的額外時間？如果你改變優先要務，把新計畫或新專案列為首要之務，那會發生什麼事？

……我還沒有錢、沒有資訊或技能。

你真的需要那些資源才能開始嗎？如果真的需要，你可以變賣一些東西來籌募資金嗎？或是找出必要的資訊就好？計畫不需要完美才開始，只要擁有70％需要的資源，就啟動吧。

……我正等待採取行動的最佳時機。

這樣做或許很好，但是要小心，不要因為分析過度而一事無成。你只是在逃避啟動的時刻嗎？試著給自己設一個明確的行動期限。

……像我這種人往往不會成功，所以沒必要嘗試。

你是不是在告訴自己，你的背景不合適，或是沒有適切的成長環境？這種因素是無法改變的，所以用這種藉口來為自己的不作為辯解時，你會覺得特別放心。你可以找到背景跟你很像、但成功改變的人嗎？

最後，如果你啟動一個專案，但抽不出時間完成，你要小心。這可能沒什麼大不了的，但可能是「我只要不完成，就永遠不會失敗」的典型跡象。你可以向大家展示你目前為止的成果嗎？通常擔心失敗會讓人說他的工作必須完美才能見人。你覺得你何時可以完成任務？覺得你應該避免讓你害怕的事情，那是很自然的想法。然而，努力面對這段棘手的時期很重要，因為你陷入恐懼的時間愈長，恐懼會愈強烈。別再找藉口了，別再光說不練，開始行動吧。

「我們不必今天上月球」

未來充滿了不確定性，一旦你開始一個新專案，它可能不會按計畫進行。雖然在逆境中堅持下去很重要，但同樣重要的是，不要對一個計畫太執著，要懂得適可而止、改天再試，而不是執意非得一直做下去不可。阿波羅計畫提供了一個很好的例子。

傑瑞・葛瑞芬（Gerry Griffin）是阿波羅12號任務的飛行主任。一九六九年十一月十四日，農神5號火箭推著阿波羅12號的三位太空人從甘迺迪太空中心升空。起初，一切進展順利。但是發射三十秒後，一切都亂了。太空人看到一道明亮的閃光照亮整個太空艙，片刻之後，他們從耳機聽到一陣靜電噪音。突然間，主要的警報訊號開始響起，儀錶盤上布滿了紅色和黃色的警示燈。

原來，阿波羅12號的農神5號火箭剛剛被兩道閃電擊中。在任務控制中心裡，資料螢幕上充滿了亂碼，葛瑞芬只有幾秒鐘的時間做生死決定。他要嘛中止飛行，浪費數百萬美元的成本，要嘛就讓任務繼續進行，把太空人置於可能致命的境地。突然間，二十四歲的飛行控制員約翰・亞倫（John Aaron）提議，請太空人扳動一個開關（「從SCE扳到Aux」），那可能會把資料重新帶回來，為葛瑞芬爭取一些急需的時間。他的預感證明是對的，果然警示燈開始慢慢消失了。

避開了緊急危機後，葛瑞芬和同事試圖瞭解閃電究竟對太空船造成了多大的破壞。

葛瑞芬回憶道：「我永遠忘不了那一刻。我們正在決定要不要上月球，我的老闆克拉夫特走到我面前，溫和地對我說：『年輕人，我們不必今天上月球。』」[16]

葛瑞芬補充說：「克拉夫特說了兩件事。第一，不會有更高層的人士介入決策，我已經得到他們的信任，要不要上月球由我來決定。第二，他只是溫和地提醒我，我不該陷入『進度狂熱』。如果我覺得任務風險太大，就不需要硬著頭皮執行任務。」

那項任務已經投入大量的時間、精力和金錢。儘管如此，克拉夫特還是告訴葛瑞芬，他不該被迫做出魯莽的決定。這個令人注目的例子再次顯示，阿波羅的領導高層如何展現對下屬的信任，以及賦予他們責任感。

葛瑞芬最終決定繼續執行任務是安全的，最後也證明他的判斷正確。阿波羅12號的任務相當成功，十天後太空人順利返回地球。

如果新專案進行得不順利，切記不要流於魯莽，而繼續投入時間、精力和資金，導致情況更加惡化。或許暫時抽離情境，改天再試會更好。誠如克拉夫特告訴葛瑞芬的，也許我們不必今天上月球。

登月祕訣

「今天」的重要性

快速思考一下。克拉夫特說「我們不必今天上月球」時，「今天」這個字眼很重要。他的意思不是說他們再也不會去月球了。他只是說葛瑞芬不該覺得有壓力，非得當下繼續完成任務不可。如果你真的決定不要繼續做某事，可以加入「今天」兩字，為未來的機會敞開大門。

邁向恐懼

「聽見大炮聲，便朝大炮邁進。」

甘迺迪總統宣布登月計畫幾個月後，米高梅公司（MGM）發行了浪漫喜劇片《選妻記》

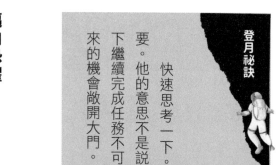

（*The Courtship of Eddie's Father*）。《選妻記》是改編自馬克．托比（Mark Toby）的同名暢銷小說，故事情節的一個關鍵部分是繞著亨麗雅塔．洛克菲勒信心學校（Henrietta Rockefeller Poise and Confidence School）打轉。信心學校是一所致力改善及精進個人成長的虛構組織，他們指導學生一些規則，以提高他們功成名就的機率。其中第一條規則、也是最重要的規則是：每天做一件令他們害怕的事情。

這不是美國人第一次被鼓勵經常接納恐懼。偉大的美國作家兼思想家愛默生在一八四一年的短文〈英雄主義〉中也敦促讀者，永遠都要試著去做你不敢做的事情。一九六〇年，第一夫人愛蓮娜．羅斯福（Eleanor Roosevelt）在《實踐生活學習法》（*You Learn by Living*）一書中也提出同樣的建議，她指出：

> 在我看來，恐懼一直是每個人必須面對的最糟絆腳石……當你真的停下來正視恐懼時，你會從每次經歷中獲得力量、勇氣和自信……每一次你必須讓自己成功，你必須去做你認為自己辦不到的事情。

這個概念通過了時間的考驗。一九九七年，《芝加哥論壇報》（*Chicago Tribune*）的專欄作家瑪麗．施米奇（Mary Schmich）為讀者提供了一系列的人生啟示，其中包括「每天做一件令你害怕的事」。施米奇那份清單迅速爆紅，後來變成暢銷歌曲〈Everybody's Free (To Wear Sunscreen)〉的創作基礎。

這個建議之所以經得起時間的考驗，是因為它確實有效。就像心理學家讓人接觸他害怕的事情以克服恐懼一樣，做讓你畏懼的事情也會讓你變得更勇敢，更有信心。

顯然，這不該是魯莽的行為。從高樓一躍而下之所以可怕，那有充分的理由，我們應該竭盡所能地避免那種恐懼。不過，執行更安全、但同樣可怕的任務對心理是有助益的。下面是你可能想要考慮的一些點子。看看你讀每一句時的感受，如果那個點子突然令你感到緊張不安，看你能不能找到面對恐懼的勇氣。

- 當繪畫課的裸體模特兒。
- 去攀岩、洞穴探險、跳傘或高空滑索。
- 造訪一家以昆蟲為食材的餐廳，吃一隻蟋蟀、蚱蜢或蠍子。
- 獨自去參加聚會或社交活動，向五個陌生人自我介紹。
- 脫光衣服，光著身子在屋內走來走去。
- 想一些你不擅長或令你害怕的事情（例如芭蕾、學習游泳、學新語言或空中雜耍），然後報名參加那個主題的課程。

◆ 變換髮型。如果你是留長髮，就把它剪短。如果你是短髮，就讓它留長。也許你可以把頭髮染成不同的顏色。

◆ 告訴父母、伴侶或摯友你對他們的真實感受（假設你的感受是正面的）。

◆ 坐直升機或雲霄飛車。

◆ 在說謊比說實話容易的情況下，實話實說。

◆ 刺個小紋身或穿孔。

◆ 如果你害怕和陌生人聊天，那就去公園告訴陌生人，你覺得他的狗很可愛。

◆ 週末遠離智慧型手機、平板電腦和電腦。不上網、不查電郵，不上社群媒體。

◆ 送出一些重要的東西。例如捐錢支持一個有意義、但你平常不會特別去支持的理念，或是把你最喜歡的東西送給朋友或家人。

◆ 如果你害怕站在別人面前，可以安排一次演講，甚至考慮到脫口秀俱樂部的試演會上，表演一段簡短的單口相聲。

◆ 獨自進行一場意義非凡的旅行（再次強調，安全至上）。

◆ 去鬼魂出沒的地方散步，或是到據說鬧鬼的屋子裡過夜。

登月祕訣

暴露法

太空人面臨可怕的情境時，往往出奇地鎮定，因為太空人的訓練讓他們意識到，恐慌不會改變或改善情況。

你可能不需要面對發射到太空的考驗和磨難，但現實生活中可能還是有一些事情令你畏懼。許多事物使人產生恐懼症，例如蜘蛛、公開演講、飛行、筷子、小丑。多年的研究顯示，克服恐懼的最好方法之一，是不斷地面對恐懼。這種技巧稱為「暴露法」（exposure），是緩慢地循序漸進。

假設你怕蜘蛛，一開始你可以先放鬆，站在房間的一邊，看另一邊張貼的蜘蛛照片。重複這個經歷幾次後，你會發現遠看蜘蛛不再令你感到焦慮。這時，你可以重複那個流程，但拉近你和照片的距離。過一陣子，你會開始覺得看蜘蛛照片不再害怕。這時你可以進入下一階段，隨著時間推移，繼續拉近你和蜘蛛的距離，包括看盒子內真正的蜘蛛，握住盒子，最後自己處理蜘蛛。

同樣的方法也可以消除幾乎所有的恐懼。如果社交場合令你焦慮，你可以從向超市收銀員打招呼開始，接著在路上向陌生人問路，之後和餐廳的工作人員閒聊，最後去參加一個你認識的人不多的派對。同樣地，如果你怕小丑，一開始可以先看小丑的照片，接著和一個穿著超大鞋子的人一起待在房間裡。慢慢地，你甚至敢對著小丑的臉砸派。

總之，你愈習慣做某件事，以後再做的時候，就不會那麼焦慮了。

摘要

有時候，感到恐懼並豁出去做很重要。然而，這往往說起來比做起來容易。想知道何時應該開始行動，停止光說不練，切記：

- 想像最好和最糟的情境。最糟的情境發生的機率有多大？你可以採取什麼防範措施來避免它發生？豁出去做會不會太冒險或魯莽？
- 想出一堆藉口，很容易讓人推遲畏懼的事情。你可能會告訴自己，現在時機不對，或你還沒有具備開始行動的所有條件。問問自己，這些是不行動的真正原因，還是出於恐懼的藉口。
- 不要因為你已經啟動或投資，就持續投入任何計畫。切記，你不是非得今天完成任務不可。如果任務的代價太高或太魯莽，你可以花點時間思考其他的選項。
- 習慣去做令你畏懼的事情。一有機會，就鼓起勇氣邁向恐懼。

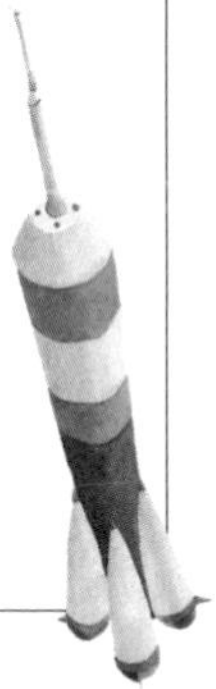

7.

當機立斷者

瞭解在分秒必爭的關頭，當機立斷如何拯救歷史性的登月任務；學習為突發事件做好準備。

阿波羅 8 號任務非常成功，現在阿波羅團隊只剩一年的時間可以實現甘迺迪在十年內送人類登上月球表面的夢想。不久，登月艇已經可以運作了，後續的兩次太空任務都把這個新的太空艇送到太空上實地演練。阿波羅 9 號於一九六九年三月發射升空，繞地球軌道運行，並演練了重要的會合及對接程序，一切都按照計畫進行。僅僅兩個月後，阿波羅 10 號就升空了，這次他們追隨阿波羅 8 號的腳步，穿越太空並繞月飛行。一到那裡，兩名太空人就爬進登月艇內，下降到離月球表面僅幾公里的地方，然後又返回指揮艙。這兩次任務的計畫和執行速度都很驚人，任務控制員幾乎沒有時間欣賞他們的成就。飛行控制員亞倫曾說過一句令人難忘的話，有時感覺像在牛飲上等的葡萄酒，無法細細品味。[1]

阿波羅 10 號的成功，意味著彩排已經結束，現在阿波羅團隊已經準備好把人類送上月球了。阿波羅 11 號的太空人包括尼爾．阿姆斯壯（Neil Armstrong）、伯茲．艾德林（Buzz Aldrin）和麥可．柯林斯（Michael Collins）。這三人非常不同，阿姆斯壯小時候設計過模型飛機；在拿到汽車駕照以前，已經先拿到飛行員執照；在韓戰中，執行了近八十次的戰鬥任務。艾德林以第三名的優異成績畢業於西點軍校，曾對太空飛行器的會合做過廣泛的研究，是唯一擁有博士學位的阿波羅太空人，綽號是「會合博士」。柯林斯跟兩位隊友完全不同，他喜歡畫畫，非常熱中於園藝，對技術不是特別感興趣。

一九六九年七月十六日的早晨，阿姆斯壯、艾德林、柯林斯穿上太空服，前往阿波羅 11

號的農神5號火箭。他們搭電梯到火箭的支撐塔頂端，進入無塵室，像往常一樣，在古怪又可靠的溫特關注下，做最後的準備。阿姆斯壯進入指揮艙時，溫特遞給他一份有趣的告別禮。溫特以鋁箔紙包住保麗龍，做了一個新月形的小飾物，他告訴阿姆斯壯那是通往月球的鑰匙[2]。阿姆斯壯向他道謝，並解釋太空艙很擠，請溫特先幫他保管那個東西，直到他回來。為了回報溫特的禮物，阿姆斯壯遞給溫特一張模擬的太空計程車車票，說那張票「在任兩個星球之間都可以搭乘」。

幾公里外，數萬人湧向卡納維爾角，準備見證歷史的發展。光是NASA的官方嘉賓名單就有兩萬人，包括老牌藝人強尼．卡森（Johnny Carson）、前總統詹森、當時的副總統斯皮羅．阿格紐（Spiro Agnew）。此外，還有來自五十幾個國家的兩千多位記者。高速公路完全阻塞，當地的小販很快就把T恤、帽子、徽章賣光了[3]。有些人亟欲帶點東西回家做紀念，甚至拔下當地的草，塞進袋子裡。

北美東部夏令時間上午九點三十二分，農神5號火箭從甘迺迪太空中心發射，莊嚴地升空，慢慢消失在雲層中。震波傳送到等待的人群時，每個人都鼓掌、歡呼、喝采。一切都照著計畫進行，幾分鐘內，三名太空人就以時速兩萬八千公里，環繞著地球飛行，繞行一圈半後，太空人啟動引擎，加速朝月球前進。世界上最雄心勃勃的太空任務就此展開了。

多年來任務控制員發現，在航程中，若有太多人與太空人溝通，可能會害他們混淆不清。所以，後來任務控制中心只派一個人直接和太空人對話，那個職位稱為「太空艙通訊員」（CAPCOM），是由其他的太空人擔任，以確保太空人溝通的對象可以從他們的觀點瞭解任務。

在阿波羅11號的整個任務中，有幾個人輪流擔任太空艙通訊員，以提供阿姆斯壯、艾德林、柯林斯重要的資訊和最新消息。

許多溝通對任務的成功非常重要，但偶爾也可以開點輕鬆的玩笑。例如，七月十八日，太空艙通訊員通知阿波羅11號的太空人，愛爾蘭人約翰．科伊爾（John Coyle）在十分鐘內吃下二十三碗燕麥粥，贏得了吃粥錦標賽的全球冠軍。在太空中，柯林斯開玩笑地建議艾德林可以參加明年的比賽，因為他剛剛吃完第十九碗燕麥粥。

放屁

大家從阿波羅8號記取了教訓，後來的太空人在為期三天的月球之旅中，不再出現嘔吐或腹瀉的現象，但這不表示指揮艙內的環境就很舒適宜人。阿波羅11號的燃料電池結合了氧氣和氫氣，以產生電力和飲用水。不幸的是，那使水中出現大量的氫氣泡，導致太空人出現大量的胃腸脹氣。阿姆斯壯曾形容指揮艙內的氣味好像「混合了溼透的狗味和沼澤的草味」。艾德林打趣說，這種脹氣可以做為另一種推進系統。雖然艾德林是在開玩笑，但一些太空科學家對指揮艙內的空氣感到擔憂。

地球上的空氣對流（暖空氣上升，冷空氣下降）不會在太空的微重力環境中發生。如果沒有人工對流，指揮艙內的空氣會靜止不動，那可能造成幾個嚴重的問題。例如，太空人睡覺時，他們呼出的二氧化碳會在他們的周圍堆積，導致呼吸困難。此外，缺乏對流也可能導致設備無法以冷空氣冷卻，而迅速過熱。或許最令人擔心的是，太空人的腸胃脹氣可能會被困在太空船的某處，有爆炸的危險。

> 因此，科學家和工程師設計出一種高效的空調系統，創造出以循環液來冷卻的裝置，並針對「放屁」進行了廣泛的研究（他們發表的學術論文包括：「太空腸胃學：胃腸道與太空飛行狀況有關的生理和病理概述」和「太空餐的腸道氫和甲烷」[4]）。這些技術要是出現任何失靈，都可能造成致命的後果。

阿波羅11號發射幾天後，迅速接近目的地。離月球剩幾個小時的航程時，太空艙通訊員布魯斯．麥坎德雷斯（Bruce McCandless）通知太空人，西德宣布下週一是阿波羅日（亦即阿姆斯壯和艾德林預計降落在月球表面那天），西德的孩子將會放假一天，教宗已經請人在他的夏季行館中安裝特殊的彩色電視電路（當時義大利的電視節目仍是黑白的）。

一如計畫，阿波羅11號消失在月球背面，太空人成功地完成了棘手的引擎啟動程序，將太空船送入月球軌道。一切準備就緒，阿姆斯壯和艾德林開始踏上歷史性的月球表面之旅。

終極的打氣

七月二十日，飛行主任克朗茲來上班，走進任務控制中心[5]。他獲選為這次登月階段的領導人，他知道再過幾個小時，可能就會實現甘迺迪的願景，或是被迫中止任務，或一次失去兩個勇敢的鬥士。太空艙通訊員查理．杜克（Charlie Duke）平靜地向太空人傳達新聞和體育頭條。

那天，二十六歲的史蒂夫．貝爾斯（Steve Bales）坐在任務控制中心的一個控制台前。他和許多同事一樣，出生背景普通。貝爾斯的父親是學校的校工，母親是美容師，他從小在愛荷華州的鄉下小農業社區成長。十幾歲的時候，貝爾斯在電視上看到馮布朗談到太空的樂趣，開始對登月概念充滿了興趣。從愛荷華州立大學取得航空工程學位後，貝爾斯加入NASA，最初是在詹森太空中心（Johnson Space Center）負責參訪的工作。他結識了幾位任務控制員，後來轉調到任務控制中心擔任引導員。貝爾斯不知道幾小時後，他將在阿姆斯壯的歷史性登月過程中扮演非常重要的角色。

NASA恢復了以前讓太空人為太空船命名的政策，阿波羅11號的登月艇名為「老鷹號」，指揮艙名為「哥倫比亞號」。北美東部夏令時間上午九點三十分左右，艾德林和阿姆斯壯從小艙口爬進老鷹號，開始進行登月所需的大量準備工作。下午兩點左右，阿姆斯壯和艾德林把老鷹號從指揮艙分離，「老鷹號」和「哥倫比亞號」仍一起繞月飛行。

這兩艘飛行器都消失在月球背後時，克朗茲把握機會向任務控制員講了一段話，幫他們加油打氣。為了確保他講的話只傳給他的團隊，他使用私人的通信迴路。他提醒每個人，全世界都在關注他們，他們即將創造歷史，並嘗試做一件前所未有的事。克朗茲解釋，他對每個控制員都有十足的信心，無論發生什麼事，他都會支援他們的每個決定。

直到今天，貝爾斯仍牢牢記得那一刻，他還記得克朗茲最後說的話：

他最後說，無論事情怎麼發展，我們最後都是以一個團隊走出那個房間。那些話對我產生了極大的影響。他告訴我們，我們已經盡力做了萬全的準備，他會支持我們的決定，我們是一個團隊。即使任務沒有成功，也不會因此責怪任何人。我們以一個團隊的身分走進那個房間，之後也會以一個團隊的身分離開。那番話令我熱血沸騰，也幫我減輕了一些壓力。那正是我需要聽到的。[6]

克朗茲隨後要求他們把任務控制中心的門鎖上。他不希望控制員被進出房間的人分散注意力，或許更重要的是，他想提醒團隊，現在他們要對即將發生的事情負全責。

就在這時，指揮艙和登月艇又重新出現在任務控制中心的螢幕上，阿姆斯壯和艾德林開始了登月之旅。他們飛向月球時，通訊變得不穩，很難與任務控制中心通話。更糟的是，他們似乎偏離了軌道。當時沒有人知道，老鷹號脫離指揮艙時，連接那兩艘飛行器的通道裡仍留著空氣，並未完全排出。那些殘留的空氣給了老鷹號額外的推力，導致老鷹號現在飛出了預訂的登陸區。

當時沃德為登陸做了實況解說，他還記得任務控制中心的緊張氣氛：

整個登陸的過程中，太空人與控制中心的溝通都是斷斷續續的。我們一再地失聯又恢復聯繫，我非常緊張，心想我們將不得不中止任務[7]。

情況愈來愈糟。太空人接近月球時，任務控制中心聽到阿姆斯壯報告：「程式警報。」登月艇上的導引電腦顯示出錯誤代碼「1202」。阿姆斯壯用無線電向任務控制中心發訊：「請解讀1202程式警報的意思。」

在地球上，現在貝爾斯必須決定要不要中止登陸任務，而且當下也沒有時間進行冗長的辯論。貝爾斯的回應源自於一種思維，那種思維對整個阿波羅計畫的成功至關重要，我們待會兒再回來看他面臨的困境。

「what if」假設分析

在第一章中，我們提到伍德菲爾。他拿籃球獎學金上萊斯大學，課業方面表現得不太突出。甘迺迪去萊斯大學體育場時，伍德菲爾去聽了那場著名的演講，聽到總統宣布在十年內把人類送上月球的願景。受到甘迺迪演講的啟發，伍德菲爾放下籃球，開始努力攻讀電機系。畢業後，他申請進入NASA，幫忙設計登月艇的安全系統。

伍德菲爾和同事的辦公室就在任務控制中心（稱為「任務評估室」）的隔壁大樓，他們為太空人和飛行控制員提供技術支援。這項工作的一部分，是想像任務執行期間可能出現的棘手情境，然後設法想出避免問題或處理問題的方法。有一次，伍德菲爾正在思考太空人用來登陸月球的雷達系統時，腦中突然冒出一個想法。在雷達內設一個警報器，萬一雷達開始過熱，就會發出警報聲。登月艇在月球表面登陸後，雷達就不再重要了，但那個過熱的警報仍會運作。伍德菲爾心想，太空人在月球登陸後，萬一登月艇引擎的熱度不小心觸發雷達的溫度警報，那會發生什麼事？伍德菲爾擔心，如果太空人在月球上探險時聽到警報聲，他們可能被迫返回登月艇以搞清楚狀況，那會無端地縮短他們的月球漫步行程。

出於好奇，伍德菲爾和同事對雷達系統進行了熱分析，發現登月艇的引擎熱度確實會觸發假警報。修復這個潛在問題的成本很低，伍德菲爾估計這個「what if」假設分析的例子幫阿波羅計畫省下了數百萬美元，也避免了許多可能的尷尬。

「what if」假設分析在阿波羅計畫的各個階段都可以看到。在白宮，尼克森的顧問為總統準備了一篇演講，萬一阿波羅11號登月任務是以災難告終，總統可以發表那份演說[8]。在那篇講稿中，他們以令人難忘的字眼來悼念失去的太空人，以及人類對探索的追求：

那些安然前往月球探索的人，注定留在月球上安息。勇敢的阿姆斯壯和艾德林知道，他們沒有希望安然折返。但他們也知道，人類從他們的犧牲中看到了希望……因為未來每個眺望月球的人都會知道，在另一個世界的某個角落，有一個永遠屬於人類的地方。

值得慶幸的是，尼克森永遠不需要發表那篇講稿，那篇演講後來收藏在國家檔案館（National Archives），直到任務完成三十年後才公諸於世。

史上最複雜、最廣泛的「what if」假設分析，就發生在任務控制中心。任務控制中心的牆上有幾個大窗，這些大窗的後面有好幾個模擬團隊（sim team），共有約三十名工程師和科學家。他們仔細研究阿波羅的規劃檔案，想像執行任務時可能出現什麼問題。接著，他們會在任務控制中進行模擬測試，看控制員能不能處理那些問題。控制員知道這種模擬測試的目的，但不知道會遇到什麼考驗。這種測試很複雜，而且持續不斷。每天進行好幾次，一週進行六天。

電氣工程師霍尼卡特在阿波羅模擬團隊中扮演關鍵要角。他的主要工作是把資料送到任務控制中心，以模擬特定的問題。燃料開始從太空船外漏時，控制員會注意到嗎？引擎故障時，控制員會怎麼反應？登月艇突然偏離軌道時，他們會應變嗎？有些情況下，模擬和資料比較無關，而是和實體操作比較有關。例如，某次模擬測試時，霍尼卡特偷偷地把一根繩子綁在控制員的控制台電源開關上，接著把繩子放在地板上，拉回模擬室。在模擬過程中，霍尼卡特等到控制員正要做出關鍵決定時，突然拉動那條線，切斷控制台的電源。霍尼卡特很高興看到控制員迅速地切換控制台，繼續執行模擬任務。

在另一次模擬測試中，霍尼卡特和模擬團隊決定切斷為任務控制中心供電的斷路器。約三分之一的控制台和一半的燈突然熄滅了。控制員花了很長的時間才找出哪個斷路器失靈，並加以更換。不過，霍尼卡特回憶道，任務控制中心很快就解決了問題：

> 翌日早上六點半我去到公司，看到地板上到處攤放著大圖。他們跪在地板上為每條線路編寫色碼。一週內，每個斷路器上都有一個數字，他們可以在五分鐘內找到故障的斷路器並更新。那就是大家的工作態度，沒有人生過我們的氣。我們休戚與共，這是最好的學習方法[9]。

模擬團隊的工作對阿波羅計畫的成功非常重要。誠如葛瑞芬所言：

說到我們的任務，我們有九成的時間是在思考，萬一某件事情發生時該怎麼做。我們為一切因應措施做好了備用系統或程序，那一切準備確實拯救了我們。我的意思是，那真的救了我們很多、很多次，因為沒有一次任務是毫無重大問題發生的。[10]

就在阿波羅11號登月的前幾週，克朗茲的團隊顯得過於自信，因此模擬主任迪克・庫斯（Dick Koos）決定給他們一點顏色瞧瞧。庫斯從美國太空計畫成立初期就加入了，他是太空任務模擬測試中最受敬重的權威之一。他指示模擬團隊把「第26號案例」載入系統中，以測試克朗茲的團隊能不能處理登月艇的電腦發出的警報。

在模擬過程中，登月艇的導引電腦突然顯示代碼「1210」的警報[11]。雖然引導太空人到月球表面的電腦在一九六〇年代末期已經是最先進的，但它的運算力還不如現代的智慧型手機。1210警報顯示，兩台硬體設備試圖同時與電腦通訊，導致電腦難以同時應付那兩台硬體。

那天模擬測試時，貝爾斯負責操作控制台。警報響起時，他不知道究竟是怎麼回事。他看得出來電腦難以處理訊息，但不確定這是否攸關任務的成敗，所以決定謹慎為上，放棄登陸。後來在模擬檢討的過程中，任務控制員發現那個警報其實不是那麼嚴重，沒必要中止任務，應該繼續執行登陸任務才對。

在檢討過程中，庫斯指出貝爾斯和克朗茲做的「中止任務」決定沒有必要，克朗茲的團隊因此接受了數小時的程式警報訓練。軟體開發人員向任務控制中心保證，模擬測試中出現的警報類型，是為了在電腦程式發布前做故障排除而設計的，實際執行任務時不太可能出現這種警報。儘管如此，克朗茲還是要求他的團隊去研究所有可能出現的警報。

貝爾斯請他熟稔的軟體支援工程師傑克．加曼（Jack Garman）檢查所有可能出現的警報，並找出那些攸關任務成敗的警報。幾天後，加曼把一張手寫的注解單拿給貝爾斯，上面摘要記錄他的研究結果。貝爾斯逐一檢查上面列出的每個警報，結束了警報的演練。他們兩人都不知道，阿波羅11號進行歷史性的登月任務時，他們的研究成了任務成功的關鍵。

登月祕訣

廷德爾報

比爾・廷德爾（Bill Tindall Jr.）是傑出的工程師，也是賢能的管理者，個性機靈詼諧。[12]他協助從下而上打造美國的太空計畫，而且非常擅長激勵周遭的人，隨機應變，破解複雜的問題，協調不同的群體。飛行主任克朗茲曾說：「我們用於登月的所有技術，都是他一手打造出來的。」[13]阿姆斯壯駕駛登月艇降落在月球表面時，克朗茲邀請廷德爾到任務控制中心來見證歷史，並坐在他的旁邊。

在職涯早期，廷德爾開始發送備忘錄給同事，幫他們把焦點放在關鍵問題上。

多年來，廷德爾寫了上千份備忘錄。他們的職責是解決嚴肅的問題，但許多備忘錄的標題寫得比較輕鬆（例如押韻的「排氣、轉向、下降，感傷！」*〔Vent bent descent, lament〕、「快樂有賴大量的氫氣」等等），文

＊譯注——
這是有關阿波羅11號的指揮艙和登月艇連接處排氣不完全，導致登月路徑偏移的原因。

中穿插了幽默的字句（「如果那些資料是正確的，我們就屎定了。」）。所以，他的備忘錄廣為流傳，大家稱之為「廷德爾報」（Tindallgrams）。

在一份備忘錄中，廷德爾指出，登月艇登上月球後，飛行控制員只有短暫的時間判斷太空人究竟是要留在月球表面，還是放棄任務，返回在軌道上飛行的太空船。當時，他們是以「Go」代表繼續進行任務，以「No Go」代表中止任務。但廷德爾覺得，登月後，這兩種表示方式容易造成混淆。「Go」是指留下，「No Go」是指中止嗎？還是 Go 是指離開，No Go 是指不要走，留下來？後來任務控制中心採用廷德爾的建議，把術語改為「Stay」和「No Stay」。

只要稍有誤會，就有可能毀了人類最偉大的時刻。廷德爾因思維清晰，再加上擅長以直截了當的方式溝通關鍵議題，幫任務控制中心挽救了大局。

有備而來的效用

一九六九年七月二十日，老鷹號迅速往月球的表面下降，登月艇上的電腦剛剛發出「1202」程式警報。在離地球三十五萬公里的地方，一個可能攸關生死的難題出現了。

然而，這次，登月團隊已經做好了準備。加曼迅速查閱那份警報注解單，找到「1202」（「執行溢出」*）程式警報。老鷹號的導航電腦處理太多的資料，它除了要計算登月艇到月球表面的距離，並將重要的資訊傳回任務控制中心以外，還要密切注意指揮艙的位置，以便阿姆斯壯不得不中止登陸任務時，能夠順利返回指揮艙。此外，任務控制中心和太空人都不知道的是，系統裡有個小瑕疵：電腦必須處理太多跟登陸無關的額外資訊。不幸的是，對電腦來說，負荷實在太重了，它已經盡可能完成最多的任務，盡可能地保存資料，並重新啟動。

加曼認為，只要警報沒有永久地顯示在螢幕上，就可以繼續執行登陸任務。他馬上把自己的想法傳給貝爾斯，貝爾斯必須把加曼傳來的資訊和登月艇傳來的導航資料結合起來，迅速決定是否中止登陸。在全世界的注目下，二十六歲的貝爾斯勇敢地決定任務繼續進行。數十萬公里外，阿姆斯壯和艾德林繼續讓登

* 譯注──
程式錯誤造成電腦運算量不足以因應當時的情況，電腦把不必要的資源丟下，因此沒有立即的危險。

月艇朝著月球表面下降。

太空艙通訊員杜克傳達了這個好消息：「收到！任務繼續進行。」14

過了一會兒，艾德林傳來另一個問題：「收到，瞭解了。繼續登陸。九百公尺。程式報警。」

這次是「1201」警報。加曼再次檢查他的清單（「執行溢出——沒有空地」），貝爾斯批准登陸。

太空艙通訊員：「收到。1201警報。任務繼續進行。相同類型。任務繼續進行。」

老鷹號接近月球時，第二個主要問題出現了。阿波羅團隊花了數年的時間研究月球表面的照片，以找出理想的登陸點。他們後來選定一個長十七公里、寬五公里的橢圓形區域，稱之為「靜海」（Mare Tranquillitatis）。可惜的是，老鷹號脫離指揮艙時承受的額外推力，導致它偏離預訂的登陸點。更糟的是，現在老鷹號正朝著一個巨大的隕石坑前進，隕石坑上點綴著汽車大小的巨石。老鷹號只要撞上任一顆巨石，幾乎肯定絕對會撞壞。之前無盡的模擬測試眼看就要派上用場了，阿姆斯壯平靜地接掌老鷹號的手動控制，讓老鷹號掠過巨石。在離月球表面不到三十米的地方，老鷹號的燃料所剩無幾，只能在空中再飛行一分鐘。整個任務控制中心陷入沉默，太空艙通訊員轉述以下資訊——

太空艙通訊員：「六十秒。」

離月球表面不到十二米時，老鷹號的引擎開始揚起月球的塵埃，嚴重降低能見度，導致情況更加惡化。

太空艙通訊員：「三十秒。」

在燃料僅剩二十秒燃燒時間的情況下，阿姆斯壯終於找到一個合適的登陸點，老鷹號輕輕地降落在月球表面，那裡距離原訂的登陸點約六．五公里。

艾德林：「登陸燈*。好。引擎停止。」

老鷹號的引擎關閉了。在登月艇外，那些十億年來從未翻騰過的塵埃開始沉降下來。接著，阿姆斯壯說出了全世界都希望聽到的話——

阿姆斯壯：「休斯頓，嗯……這裡是靜海基地，老鷹號登陸了。」

杜克很激動，但一時口吃，他回應——

太空艙通訊員：「收到！靜……靜海，我們聽到你們了。這裡有一群人急到快沒氣了，現在我們又恢復呼吸，多謝！」

沃德還記得當時的任務控制中心有一種如釋重負的感覺：

* 譯注——

網路上很多人把contact light誤譯成「看見強光」或「接觸強光」，還說那是艾德林看到不明物體的強光，那是錯的。登月艇有四支腳（登陸架），其中三支腳下裝了探測儀，用來偵測月球表面，只要其中一支腳接觸到月球表面，登月艇內的登陸燈就會亮起來，請太空人手動關閉降落引擎。這樣一來，登月艇就可以自己緩緩下降到月球表面，以避免月球表面的衝擊造成登月艇的損毀。所以這裡艾德林在contact light後面緊接著說engine stop，他手動關閉了引擎。

我聽到身後的觀看室傳來政客、管理者、太空人家屬的巨大歡呼聲。克朗茲迅速對所有的任務控制員講話，請大家安靜下來，接著開始依序核對「停留／不停留」的檢查清單。一切都很好。我們終於登上月球了[15]。

全世界有數百萬人目睹了看似不可能的事情發生。那天晚上有人到阿靈頓國家公墓，在甘迺迪總統墓旁的永恆火焰旁邊放了一小束鮮花和一張手寫的卡片，上面寫著：「總統先生，老鷹號登陸了。」

一些任務控制員獲得了應得的休息。飛行控制員芬戴爾回到家，睡了一會兒，又回來上班。在上班的途中，他順便去了一家當地的小餐館，隨便吃了點早餐。

我點了炒蛋，兩個男人走進餐廳，坐在我旁邊的凳子上。他們在當地的加油站工作，開始聊到登陸月球的事。其中一人說：「你知道嗎，我經歷過二戰，在諾曼地登陸日登陸，那是不可思議的一天。接著，我穿過巴黎，進入柏林，但昨天是我身為美國人最自豪的一天。」[16]

芬戴爾日以繼夜地在任務控制中心工作，並未意識到登月任務對美國同胞產生的影響。

他聽到那番話時，不禁激動地說不出話來，連忙為早餐付錢離開。接著，他抓起報紙，回到車上，開始哭了起來。

阿波羅11號太空人安全返回地球幾個月後，尼克森總統在洛杉磯舉行盛大的晚宴，表揚那些參與這次歷史性任務的有功人士。在一群政治人物和大使面前，尼克森追授「傑出服役勛章」給阿波羅1號大火中喪生的三名太空人，頒發「總統自由勳章」給阿波羅11號的太空人，並頒發「NASA集體成就獎」給任務執行團隊。貝爾斯很榮幸代表NASA團隊領了最後那個獎。他自豪地站在領獎臺時，尼克森宣布：「就是這個年輕人，當電腦出現混淆、他大可喊停的時候，他說了『繼續執行』。」這一切全因為他們有備而來。

做好準備

「沒做好準備，就準備失敗吧。」

——富蘭克林

我們從一個簡單的問卷開始做起吧。

想想你以前做某件事之前感到焦慮的情況，也許你必須在同仁面前演講，去面試一份工作，或是去參加一場聚會，但不認識半個人。接著，請閱讀以下十句話，評估每句話是否貼切地描述你參與那件事之前的想法，為每句話打分數，1分代表「我從來沒那樣想過」，5分代表「我就是那樣想」。

①一般來說，我很擔心每件事情的結果。
②有時我會擔心某些事情可能出錯。
③我有預感我無法應付這次活動。
④我通常會花很多時間去思考活動中可能出現的問題。
⑤我覺得這件事的結果可能超出我的掌控。
⑥一般來說，我都會想像如何解決可能出現的問題。
⑦我等最後一刻才去想那件事。
⑧我覺得想像活動中可能出什麼問題，可以幫我做好準備。
⑨我儘量不去想那件事情以免焦慮。
⑩我常想到最糟的情況可能發生，即使內心深處我懷疑那種情況永遠不會發生。

等一下我們再回頭來看這份問卷。

心理學家做了數千項科學研究，以探索樂觀和悲觀對生活的影響[17]。多年來，這些研究顯現出一些明確的型態。一般來說，樂觀者比悲觀者更健康，心理更快樂。此外，誠如第三章所見，樂觀者比較可能開始行動以實現目標，並在遇到困境時堅持下去。久而久之，這些優點會累積出可觀的成果，使樂觀者在個人生活和職場上都比較成功。這些研究結果都已經廣為流傳，音樂家、作家、治療師、勵志大師都在宣傳樂觀的好處。

然而，幾年前，一切開始變了。

麻州衛斯理學院的心理學家朱莉．諾蘭（Julie Norem）終其一生致力於以更細膩的方式來檢視悲觀，她發現不是所有的悲觀者先天都一樣[18]。一般來說，悲觀者大多會做最壞的打算，對人生抱著宿命論的心態。一般人跟悲觀者在一起時，幾乎毫無樂趣可言。然而，諾蘭的研究顯示，約三分之一的悲觀者有一種不尋常的思維，稱為「防禦性悲觀」（defensive pessimism）。防禦性悲觀是對負面思維做正面的解釋。多數的悲觀者會逃避讓他們焦慮的事情，防禦性悲觀者則會找出可能發生的問題，並採取措施來防止問題發生或想辦法解決問題。

我們仔細來看防禦性悲觀的實際運作方式。想像你要去一場重要的工作面試，如果你是樂觀者，你可能期待面試進展得很順利。同樣地，如果你碰巧是一般的悲觀者，你通常會有預感面試可能進行得很糟。然而，如果你是防禦性悲觀者，你會思考面試可能出現哪些狀況，想辦法避免那些問題。也許你擔心面試遲到，所以你提前很多時間抵達。也許你擔心被問到棘手的問題，所以花點時間思考那些棘手問題的可能答案。或者你擔心自己顯得太緊張，所以事先和朋友或同事一起演練面試。總之，防禦性悲觀者體現了那種幫人類登上月球的「what if」假設思維。

現在回頭看你剛剛完成的問卷，把奇數題的分數加總起來，那反映了你整體的「樂觀－悲觀」得分，低分（5－10分）顯示你總是比較樂觀，高分（20－25分）顯示你的世界觀比較陰鬱。

接下來，加總偶數題的分數。這些句子是心理學家諾蘭在研究中使用的類型，它們反映出你的防禦性悲觀。低分（5－10分）顯示你不常做應急計畫，高分（20－25分）顯示你喜歡找出可能的問題，並思考怎麼處理意外最好。

幸好，有幾種方法可以幫你為最糟的情境做好準備，你只需要在腦中模擬狀況、進行事前檢討、想想特洛伊國王的女兒就行了。

腦中劇場

有幾種技巧可以用來產生「what if」的假設情境，接著思考潛在問題的可能解決方案。或許最有效的方法是像阿波羅團隊那樣進行排練。有時可以做迷你的模擬測試來突顯出潛在的陷阱。例如，如果你想寫一本書，可以試著天天寫部落格，堅持一個月。或者，如果你想推出新產品，可以先生產少量的原型來測試市場。或者，如果你正在權衡當自雇者的利弊，你可以試試週末為自己工作，看效果如何。

遺憾的是，有些事情不可能演練。不過，幸好，你可以使用許多運動員、音樂家、演員、執行長常用的技巧：腦中演練。

為了說明這個技巧怎麼運作，假設你必須為公司做一場重要的簡報。

① 首先，拿起筆紙，找一個不會被打擾的地方。在紙的中間畫一條垂直線，並在左欄的頂部寫上「問題」。

② 接下來，開始做一點腦中演練。你花一些時間思考簡報將如何進行，你可能會忍不住想像一切都很順利，看到全場在簡報結束時鼓掌叫好。你需要抗拒那種誘惑，你的目標不是膨脹自我、提升希望、活在假裝的樂觀世界裡。你需要的是務實的心態，為可能的失敗做好準備。

想出簡報可能發生的十個潛在問題。開始想吧！

你想到哪些問題？典型的問題包括：

1. 電腦沒連上投影機，觀眾看不見我的投影片。
2. 麥克風故障，觀眾聽不見我的聲音。
3. 演講一開始，我可能過於緊張。
4. 我說話結結巴巴。
5. 我的大腦可能突然出現一片空白。
6. 我可能太早跳到下一頁投影片。
7. 我講到忘詞了。
8. 我的笑話沒人笑。
9. 我可能太早講完，多出太多時間。
10. 我可能講太久，超出時間，觀眾必須提前離席。

既然你已經找出潛在問題了，現在你該思考如何預防這些問題，或是問題發生時該如何因應。請在表格右欄的下方寫上「解方」兩字。看「問題」欄列出的每項問題，然後思考如何避免或因應，把那些想法寫在「解方」欄中。你可以針對每個問題盡量列出許多解方。

你列了哪些解方？典型的解方包括：

	問題	解方
1.	電腦沒連上投影機，觀眾看不見我的投影片。	你可以事先去現場檢查設備嗎？你可以自備小型投影機，並在緊急狀況中使用嗎？你可以準備一版沒有投影片也可以演講的版本嗎？
2.	麥克風故障，觀眾聽不見我的聲音。	你可以不用麥克風演講嗎？有沒有簡單的演講版本？你可以從投影片中得到演講的要點嗎？

3.	演講一開始，我可能過於緊張。	告訴自己你是很興奮、而不是很緊張，這樣有用嗎？或者做快速的放鬆練習？或者熟背開場白？
4.	我不小心講錯話。	你能不能承認錯誤後，就繼續演講？或是事先準備好應對的台詞，例如：「我知道你們在想什麼，那不好說出口，對不對？」
5.	我的大腦可能突然出現一片空白。	你能不能道歉，喝點水以爭取一些時間。回到上一張投影片，然後繼續講？你能不能準備一張小卡片，上面列出演講重點？或是事先準備好應對的台詞，例如：「我看過其他的講者出現過這種情況，心想那是什麼感受。現在我知道了。」

6.	我可能太早跳到下一頁投影片。	你可以開點玩笑嗎？例如說：「我們假裝你還沒看到這張投影片好嗎？」
7.	我講到忘詞了。	你可以回到上一張投影片嗎？你可以看小抄嗎？或是坦承自己忘詞，並問觀眾你剛剛講到哪兒了。
8.	我的笑話沒人笑。	你可以事先準備好應對台詞嗎？例如：「那個笑話通常笑果不錯，但我覺得你們的笑點比較高。」或者：「那是我最後一次講那個笑話了。」
9.	我可能太早講完，多出太多時間。	你可以請觀眾發問嗎？如果沒有人發問，你可以說：「大家最常問的問題是……」這樣你就有話題可談了。

10.

我可能講太久，超出時間，觀眾必須提前離席。

你可以看錶或時鐘嗎？或是在手機上設定定時器，讓手機在結束前五分鐘提醒你。你有一張萬用的最後投影片，方便你在時間不夠時直接切到那張嗎？

詢問「what if」這種假設問題，就能找出主要的問題，並思考如何避免或應對最好。就像阿波羅11號的模擬團隊一樣，為最糟的情境做好準備，就是為成功播下種子。

像防禦性悲觀者那樣思考，不僅能幫你做好準備，還能幫你消除焦慮感。下次你又開始擔心某種情況時，就找出具體的問題。更重要的是，思考你可以做什麼來抒解這些潛在的議題。

進行事前檢討

無論是實際演練，還是腦中演練，都是讓人產生防禦性悲觀的好方法，但那不是唯一的方法。另一種有效的技巧是進行「事前檢討」*。這種兩階段的技巧是由心理學家兼決策專家蓋瑞．克萊恩（Gary Klein）發明的[19]。在一般驗屍的過程中，你看到一個已經過世的人，然後試圖找出他的死因。在「事前檢討」的過程中，你對專案或任務做同樣的事情，但你是在開始執行專案或任務之前就執行這個驗屍程序。底下說明你如何做到這點。

首先，你必須在腦中穿越時空。想像未來，想像你的冒險已經失敗了，接著自問一個問題：為什麼情況會變得那麼糟？提出任何解釋都可以。一群人一起進行事前檢討時，每個人都應該毫無顧忌地提及任何問題，不管那個問題聽起來有多荒謬。如果你是獨自進行任務，一定要對自己誠實。也許沒有人來參加你的活動，專案網站掛了，關鍵人物臨時退出專案。簡言之，你假設「病人」已經死了，一切都變得非常糟，你的任務是搞清楚為什麼這一切會落到這步田地。克萊恩設計了這個技巧，他讓人主動接觸內心那個故意唱反調的傢伙，以免那個人擔心過於負面的狀況。

接著，挑選以前出現過的十大問題，並找出解決方案。如果你已經想出十幾個問題，可以把焦點放在攸關任務成敗的障礙上。

下次你想完成專案時，花點時間想像專案失敗的情況。

* 譯注——

premortem，原意是事前驗屍。

卡珊朵拉情結和其他問題

在希臘神話裡，特洛伊國王有個美麗的女兒叫卡珊朵拉（Cassandra）。太陽神阿波羅愛上她，決定帶著禮物去向她求愛。許多凡人求愛時是送花束或巧克力。但阿波羅比較浮誇，他賦予卡珊朵拉預言的能力，使她的生活中不再有任何意外事情發生。不幸的是，卡珊朵拉並不喜歡阿波羅，拒絕了他的追求。阿波羅一怒之下，對卡珊朵拉下了詛咒，運用他的萬能神力讓任何人都不相信卡珊朵拉的預言。於是，卡珊朵拉餘生都能預見未來，卻無法讓人相信她的預言是精準的。

有一次，卡珊朵拉告訴特洛伊的善良人民，一群希臘士兵躲在巨型木馬中，他們將會攻擊特洛伊的城市。阿波羅的詛咒導致大家都不相信卡珊朵拉的說法，把她的預言當成耳邊風。希臘人隨後宣布，他們準備結束曠日持久的特洛伊戰爭，並贈送特洛伊城一匹巨大的木馬以示友好。卡珊朵拉看到那匹馬時，抓起一支燃燒的火把，想放火燒了那匹木馬。特洛伊人依然不信卡珊朵拉的預言，把她扭倒在地上，並把木馬帶回城裡。不久，一群希臘士兵從木馬中溜出來，摧毀了特洛伊城。

卡珊朵拉的故事可以給我們很多啟示。首先，如果你對希臘神祇的殷勤獻愛不感興趣，最好以委婉的方式拒絕。第二，或許也是更重要的，大家往往不喜歡聽到悲觀和厄運的預言。這種現象稱為「卡珊朵拉情結」（Cassandra Complex），那可能會給防禦性悲觀者帶來問題。多數人不喜歡聽到可能出錯的狀況，也不想知道做好應變計畫的必要性。此外，防禦性悲觀者可能聽起來過於焦慮，甚至無能。在某些情況下，把比較悲觀的想法埋在心裡，不講出來，或許比較明智。你也可以公開承認你比較迷信，或只是想從反面的角度來探究問題，或者說你是因為關心才會那麼擔心，或想做點對大家長期有益的事情，以免別人覺得你的想法太過負面。

這不是與防禦性悲觀唯一有關的問題。你開始思考潛在問題時，你的想法可能會變得很極端。例如，如果你的任務是做簡報，你可能想像投影機投映在你身上或天花板塌下來。同樣地，你的想法可能會開始失控。例如，你可能會想：「我可能講錯台詞，觀眾開始笑我。萬一發生那種情況，老闆會覺得我是蠢蛋。他對我的印象已經夠糟了，這次出錯可能會讓他忍無可忍。他要是開除我，我就付不出房租了，我得搬回去和爸媽住，那會很慘。」

想要避免上述兩種狀況，就不要浪費時間思考那些不太可能發生的問題。你應該專注於解決方案，而不是一直鑽牛角尖，想著一個問題如何導致另一個問題。

偶爾，你可能會遇到沒有明顯解方的問題，那可能讓你特別擔心。如果真的有一些事情是你無法控制的，不要浪費時間擔心它，因為既然你無法控制，你也無法做什麼。如果你需要一些靈感，可以回顧上一章，飛行主任倫尼如何因應任務控制中心第一次與阿波羅8號失聯的情況。三名太空人轉到月球背後時，必須進行棘手的程序以啟動引擎。地面上的控制員完全幫不上忙，倫尼沒有讓大家枯坐在位子上擔心，而是告訴大家現在正好是放鬆的好時機。下次面對無法控制的擔憂狀況時，你可以像倫尼那樣思考，找些事情讓你轉移注意力。

摘要

一般來說，悲觀對你沒有好處，但防禦性悲觀是有益的，因為它會刺激你思考：「如果……會怎樣？」並想出實用的應變方案。你可以運用下列的方法來鼓勵這種思維：

- 想辦法打造你的阿波羅模擬團隊，幫你因應各種可能出現的不測事件。那可能是採用實際演練或腦中演練的模式。那樣做除了可以幫你做好充分的準備之外，也可以幫你避免焦慮。
- 進行事前檢討。想像專案已經失敗，那是因為哪裡出了問題？為什麼？你可以做什麼來防止那些問題發生？
- 防禦性悲觀是一種強大的思維方式，但不要太極端。想辦法讓你稍微感到擔憂就好，別讓擔憂失控，也不要浪費時間去擔心你無法掌控的事情。

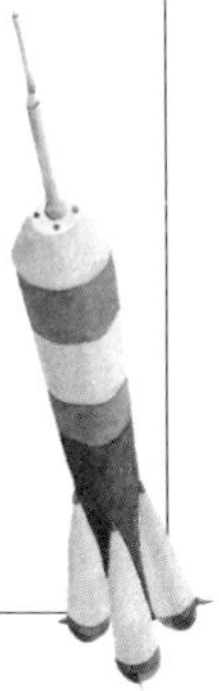

8.

艾德林和消失的開關

瞭解太空人如何臨機應變，順利返航；
學習如何安度意外狀況。

原本的登月計畫是，讓阿姆斯壯和艾德林先好好睡個覺，再登上月球表面。不過，他們兩人對於探索新環境相當興奮，所以決定跳過睡眠，儘快出去探險。

他們即將接觸一個極其惡劣的環境。月球上沒有大氣層，所以沒有任何東西可以反射或吸收太陽傳來的能量。白天，太陽光可以把月球表面加熱到攝氏一百度以上。夜晚或天色昏暗時，月球變成太陽系中最冷的地方之一，氣溫降至攝氏零下一百七十度。

這些極端的溫度只是冰山一角，他們兩人還得面臨微流星體的衝擊。微流星體是指微小的岩粒以驚人的速度在太空中飛行，其衝擊力遠大於重量。月球表面的灰色粉末就是大量微流星體粉碎成塵埃的結果。更糟的是，月球上沒有氧氣，沒有氣壓，而且還有幾種極其危險的輻射。

因此，為月球漫步做準備不只是穿上一件暖和的外套和一雙舒適的鞋子而已。事實上，那是做好萬全準備的精彩實例。他們兩人的安全有賴史上最精密、最昂貴的裝備。每位太空人的太空服估計價值十萬美元（相當於今天的七十萬美元）。只要任一部分失靈，都有可能迅速致命[1]。

太空人的內衣是一件緊身的連體衣，內有幾百英尺長的細管。他們待在月球表面期間，冷水會不斷地在細管中迴繞，防止太空人過熱。

太空服是由國際乳膠公司（以生產Playtex胸罩及束腹聞名）製造的，由二十一層高科技材料製成。每一套太空服都是由技術高超的裁縫師量身訂製，要求非常精確。有些縫線不到一公釐長，稍有差錯就可能攸關生死。太空人冒險走出登月艇時，太空服是處於充氣狀態，以營造出一個透氣加壓的環境，所以多層的太空服絕對不能有任何漏洞。太空人洛維爾曾對一位裁縫師說：「在月球上，萬一褲子破掉就慘了。」他們也從阿波羅1號的大火記取了教訓，為太空服的最外層上了鐵氟龍塗層，可抵禦攝氏五三七度以上的高溫，也可以抵抗危險的太陽輻射和可怕的微流星體。

太空人的手套很複雜，裡面有電線以確保結構支撐及真空中的靈活運作，矽膠指尖可以讓太空人操縱物體，鋼纖維布可以防止太空人被岩石或工具割傷。手套是以大型的金屬環緊密地連接太空服的袖子，沉重的套鞋確保太空人的雙腳始終穩穩地踩在地上。

每個太空人都必須背一個大背包，裡面裝著他們呼吸所需要的氧氣，也維持太空服內的壓力，並讓冰水在內衣上迴繞。一切正常運作的話，這套自給自足的維生系統最多可以讓他們在月球表面待四個小時。

登月祕訣

阿波羅、彈珠遊戲、軌道1號

太空人的手套是由工程師兼發明家迪克西·萊因哈特（Dixie Rinehart）設計的。他和許多參與阿波羅計畫的人一樣，從小開始玩火箭，發明了許多東西。而且他發明的東西不全然是小孩子的玩意兒，有一次他的火箭撞破家裡的窗戶，使地窖的牆壁出現一道大裂縫[2]。

萊因哈特後來到國際乳膠公司工作，花了數年的時間，設計出讓阿姆斯壯和艾德林在月球上安全漫步的手套。阿波羅太空服的官方專利名單上僅列了八人，他是其一。

阿波羅任務之後，萊因哈特繼續開發手套科技，後來發明出一種獨特的工作手套，非常方便，熱銷了數百萬套。他也致力於其他的發明，一九七〇年代後期，他和同事開發出一種獨特的彈珠遊戲，名為「軌道1號」（Orbitor 1）[3]。那是第一台、也是唯一一台採用波狀外形、而不是平面的彈珠機。這種奇怪的彈珠台場地設計是受到愛因斯坦的「時空扭曲」概念所啟發，狀似月球景觀。阿波羅太空人舒拉安排萊因哈特去迪士尼世界演講時，讓他產生了那個靈感。一些評論者說軌道1號與他們見過的彈珠台完全不同。萊因哈特的同事說，那主要是因為發明者對彈珠台一無所知。

萊因哈特的熱情、想像力、玩心對他的發明非常重要。我們一再看到，這些特質在阿波羅任務的成功中發揮了驚人的效果。

「外太空最精彩的演出」

登上月球幾小時後，兩名太空人就穿上太空服，等著創造歷史。在數十萬公里外，全世界都驚奇地看著直播，娛樂週刊《綜藝》（*Variety*）說那是「外太空最精彩的演出」。

在美國，CBS電視臺播出長達三十一小時的「超級特別節目」，由傳奇的新聞主播華特・克朗凱（Walter Cronkite）主持。同樣地，ABC電視台也接連播出超長的節目，中間穿插一些太空內容，包括一個由《陰陽魔界》（*Twilight Zone*）的創作者洛德・瑟林（Rod Serling）所主持的談話節目，邀請著名的科幻作家來座談；艾靈頓公爵（Duke Ellington）表演他受託創作的特別作品〈月光少女〉（*Moon Maiden*）。實況報導透過全美各地的大螢幕現場直播。中央公園的綿羊草原（Sheep Meadow）也為此改名為「月亮草原」（Moon Meadow），主辦單位鼓勵前往現場一起看直播的觀眾穿白衣前往。

在英國，ITV頻道連續播放十六小時大衛．弗羅斯特（David Frost）的《月亮派對》（*Moon Party*）。那個節目混合了新聞和娛樂，在登月資訊中穿插了多種輕鬆的活動，例如詞曲創作者茜拉．布萊克（Cilla Black）高唱她的最新暢銷歌曲，喜劇演員艾瑞克．賽克斯（Eric Sykes）演了一齣有關曼徹斯特鬥牛士的短劇[4]。節目中的其他亮點包括，一位義本（Eastbourne）的觀眾打電話進來詢問專家，月球塵埃有沒有可能種出超大南瓜；史學家A.J.P.泰勒（A. J. P. Taylor）和藝人小山米．戴維斯（Sammy Davis Jr.）一起討論載人太空飛行的道德問題。

BBC播放的節目則稍微沉穩一些，包括搖滾樂團平克．佛洛伊德（Pink Floyd）即興表演登月配樂〈Moonhead〉，著名演員朗讀有關月亮的詩歌，以及把阿波羅任務的影片片段與大衛．鮑伊（David Bowie）的歌曲〈Space Oddity〉並列在一起（諷刺的是，許多音樂評論家認為，鮑伊寫那首歌是為了消除「太空熱」，因為歌詞描述太空人在太空中迷失了身心）。全球各地都播出類似的電視節目，以吸引五億以上的觀眾共襄盛舉。登月因此成為有史以來最多人觀看的活動之一，全世界都為之痴迷。

一九六九年七月二十一日，阿姆斯壯鑽出登月艇的艙口，沿著登月艇的梯子爬下去。為了盡可能減輕登月艇的重量，梯子是鋁合金做的，非常脆弱，那在地球上很難支撐阿姆斯壯的重量。阿姆斯壯接近梯子的底部時，打開了登月艇外的電視攝影機，把低解析度的黑白畫面傳回地球。

BBC是由著名的科學記者詹姆斯・伯克（James Burke）聯合主持直播。他對這場歷史性的報導記憶猶新：

> 那是發生在英國的午夜，全國有一半的人熬夜觀賞節目。把每件事都做好的壓力很大，起初沒什麼可看的。阿姆斯壯走下階梯，準備踏上月球時，直到最後一刻才被攝影鏡頭拍到。當時導播透過耳機對我說：「描述一下我們在看什麼。」從來沒有人看過那種景象，我根本不知道從何講起！[5]

全世界驚訝地看著一個白色的斑點慢慢地移到梯子的底部，然後試探性地踏上布滿灰塵的地面。人類有史以來第一次踏上月球表面，片刻之後，阿姆斯壯說出他那句名言：「這是我個人的一小步，人類的一大步。」（That's one small step for man, one giant leap for mankind.）阿姆斯壯始終堅稱，靜電噪音蓋住了那個非常重要的「a」，他說他實際上是說：That's one small step for a man, one giant leap for mankind。無論如何，那對阿姆斯壯來說都不是一小步。由於登陸很溫和，登月艇的減震器沒有完全壓縮，阿姆斯壯的一小步實際上比較接近一百二十公分的跳躍。

伯克也清楚記得那一刻：

那對播報員來說是很棘手的時刻。我要是講話蓋過太空人的聲音，那就太糟了，但我永遠不知道太空人何時會說話。所以當下我的大腦分成兩部分進行，一部分是想辦法繼續說話，另一部分是在必要時馬上閉嘴。阿姆斯壯說「這是我個人的一小步」時，我很怕蓋過他的聲音，所以當下我比較擔心我把事情搞砸了，而不是沉浸在那個非凡事情中。後來我們才想到那是一個令人驚嘆的事件。[6]

完美計畫……

阿姆斯壯向地球回報，月球塵埃只有幾吋深，並收集了一些岩石樣本。約二十分鐘後，艾德林加入他的行列，兩名太空人開始在月球上漫步。他們一開始先在月球表面上放一塊不銹鋼的紀念牌（上面寫著：「西元一九六九年七月，地球人首度在此登上月球。我們為全人類的和平而來！」）

接著，他們匆匆地豎起一面美國國旗，上面還有一支隱藏的橫杆，以便呈現國旗在風中飄揚的感覺。接下來，兩名太空人打了一通最長的長途電話，與尼克森總統進行簡短的交談（尼克森說：「你從靜海與我們通話時，激勵我們加倍努力為地球帶來和平與寧靜。」）。最後，他們四處彈跳以測試自己的機動性，並收集了更多的灰塵和岩石樣本。

這些活動都透過電視直播，傳回了地球。他們也以一台特別改裝的照相機，為後代子孫留下了紀錄，總計拍了約一百張的照片。由於阿姆斯壯大部分的時間都帶著那台相機，那些照片大多是他拍的，其中約有二十張艾德林執行各種任務的驚人影像，阿姆斯壯的照片反而沒那麼可觀。也許艾德林最經典的影像是站在月球的表面，看起來很脆弱。多年來，那張照片在書籍、雜誌、網站上轉載了無數次。仔細觀察的話，可以看到艾德林的金色面罩上清晰地反射了阿姆斯壯的身影。第一個登上月球的人不是這次歷史性旅行的照片主角，但往好處想，他無意間拍了那張終極的「自拍照」。

太空人在月球上待了兩個多小時，接著就返回登月艇。

阿波羅11號的任務似乎精準地按計畫進行。然而，這時背後正潛伏著一個問題。阿姆斯壯和艾德林在登月艇內移動時，其中一人不小心撞到登月艇的內壁，折斷了一個開關的外部零件。不幸的是，當他們啟動上升引擎，要離開月球表面時，必須用到那個開關。更糟的是，為了確保登月艇的重量愈輕愈好，艙內的工具很少。他們為了登陸所做的準備工作非常認真徹底，但現在太空人若要回家，就需要臨機應變了。

稍後我們再回來看阿姆斯壯和艾德林的困境。

如何預料意想不到的事

阿波羅團隊投入大量的時間和精力，試著找出執行任務時可能出現的問題，然後確保他們為各種可能出現的突發狀況準備了因應方案。然而，要預測各種轉折是不可能的，太空人和任務控制員常被迫處理意外情況。也許最著名的緊急情況是出現在最後一次任務中：阿波羅13號。

一九七〇年四月十一日，阿波羅號太空人洛維爾、弗萊德．海斯（Fred Haise）、傑克．斯威格特（Jack Swigert）從甘迺迪太空中心發射升空。執行任務的第二天，他們聽到一聲巨響，斯威格特說出了如今著名的那句話：「休斯頓，這裡出問題了。」（後來好萊塢的電影把那句話誤換成：「休斯頓，我們有麻煩了。」）剛剛的爆炸破壞了幾件設備，短時間內，太空人的指揮艙將面臨缺氧、缺水、電力不足的狀況，情勢看起來很危急。

任務控制員維持冷靜，指示太空人關閉幾個電力系統及嚴格限制攝水量以節約電力。不幸的是，這導致暖氣把艙內溫度降至接近冰點的水準，太空人海斯因缺水而出現尿道感染。接著，任務控制中心要求三名太空人鑽進登月艇，因為登月艇有自己的供氧系統，可當成高科技救生筏來用。

不幸的是，另一個可能致命的新問題很快又出現了。登月艇的過濾系統是把空氣吸入後，送過一筒化學物質以移除二氧化碳，然後再把空氣送回登月艇中。那個裝化學物質的筒子原本是為了讓兩名太空人使用兩天設計的，無法讓三名太空人在裡面生活四天。太空人很有可能死於二氧化碳中毒。

幸好，指揮艙裡有一個類似的過濾系統，還有一筒更大的化學物質可以移除二氧化碳。問題是，登月艇的過濾系統是使用圓柱形的筒子，指揮艙的過濾系統是使用方形的罐子。任務控制中心面臨的問題是，如何把一個方罐裝進圓孔中。

工程師努力研究，最終想出了終極的太空密技。他們設法用資料夾裡的硬紙板蓋、一些塑膠布、一卷膠帶，以及一條毛巾，就成功地把方形罐子裝進了登月艇的過濾系統。艙內的二氧化碳濃度迅速下降，太空人終於可以大鬆一口氣。後來，三名勇敢的太空人順利返回地球，安全地濺落在太平洋上。由於這次事故需要改換新的飛行路徑，阿波羅13號的太空人創下三人離地球最遠的紀錄。

登月祕訣

312,421.24美元的發票

阿波羅13號的任務結束後，一位協助打造登月艇的工程師開了一個玩笑，故意寄一張假發票給負責建造指揮艙的北美洛克威爾公司（North American Rockwell）。那張發票列出登月艇把指揮艙拖回地球的費用（每英里收費一美元），外加電池充電及承載一位額外乘客的費用，總計是312,421.24美元。

北美洛克威爾公司要求審計員檢查那張發票，接著以明顯開玩笑的口吻發了一份聲明，說前幾次任務中，指揮艙多次拖著登月艇到月球，他們尚未收到那些費用。

任務控制中心靠機靈應變化險為夷，不是只有阿波羅13號那一次。

在後來的任務中，太空人帶著阿波羅月球車（Lunar Roving Vehicle）一起上月球，用那台月球車來探索遙遠地區的地貌。在阿波羅17號任務中，太空人吉恩・塞爾南（Gene Cernan）和傑克・施密特（Jack Schmitt）在月球上準備月球車時，不慎扯掉月球車的後擋泥板。（塞爾南說：「哦，天啊，擋泥板掉了。」施密特說：「哦，糟糕！」）兩名太空人用膠帶把擋泥板重新黏回去，接著在月球表面上逛了四個小時。不幸的是，用膠帶補救並不完美，問題很快就出現了。月球車行經月球表面時，會揚起大量的月塵，由於擋泥板故障，那些黑色粉末使太空人的太空服和儀器都變黑了。太空服和儀器因此吸收了太多的太陽熱量，開始出現失靈。

塞爾南和施密特回到登月艇後，按預定時間睡覺。任務控制中心著手解決問題，翌日早上，他們已經想出破解密技。他們請太空人用膠帶把四張護貝的地圖黏在一起，然後把那些地圖夾在月球車上，充當臨時的擋泥板。這個巧妙的應變方法很成功，剩下的任務都按照原訂計畫進行。太空人把臨時製作的擋泥板帶回了地球，現在展示在華盛頓特區的史密森尼美國國家航空太空博物館中。

靈活的思維幫阿波羅13號安全地返回地球，也為阿波羅17號提供了一個擋泥板。但它能幫阿姆斯壯和艾德林離開月球表面嗎？

靈活變通的重要

阿波羅11號登月艇是使用按鈕式的斷路器。一名太空人撞掉了按鈕的頂部，使開關只剩殘留在儀器內部的部分。太空人需要按下按鈕才能啟動登月艇的上升引擎。然而，斷路器也是電路的一部分，可想而知，艾德林並不想冒險把手指或任何金屬物品塞進開關內。[7]

艾德林突然靈機一動。阿波羅號太空人都有一支為無重力狀態設計的高科技太空筆，但艾德林不太喜歡那支筆，他比較喜歡用毛氈簽字筆。他突然想起肩上的口袋裡有一支簽字筆，心想也許可以拿來按按鈕。一試之下，筆尖的細錐形末端竟然很適合。這下子，他終於可以用簽字筆啟動斷路器，為登月艇的上升做準備。

接下來的幾個小時，兩名太空人想辦法入睡。艾德林蜷縮在登月艇的地板上，阿姆斯壯躺在上升引擎的蓋子上。阿姆斯壯靈機一動，在登月艇內掛了一條織帶，幫他把腳抬高，讓他以更舒服的睡姿入睡。

這時，地球上的任務控制員也趁機好好休息。飛行主任葛瑞芬還記得他和一位同事走向任務控制中心的停車場：

完成月球漫步時是清晨，天還沒亮。我走到外面，休士頓七月的天空相當清朗。我抬起頭，凝視著半月，對同事說：「我們把人送上去了，現在就在月球上，實在很棒！」就這樣，我們各自走向自己的車！我想，當時我們都有一種解脫和自豪的感覺。但最重要的是，我們都想趕快補眠，繼續努力，讓他們安全回來。[8]

幾個小時後，任務控制員又回到控制台，並叫醒阿姆斯壯和艾德林。兩名太空人逐一檢查升空前的一長串清單，艾德林用簽字筆修復開關的方式似乎運作得很好（休斯頓：「供你參考，上升引擎斷路器上的電路看起來很好。」艾德林：「收到！現在即使要拔出那支筆，應該也拔不出來了。」[9]）他們只有一個上升引擎及一定量的燃料。萬一推進系統失靈，阿姆斯壯和艾德林將被困在月球上，柯林斯將獨自回家。

起飛前約二十分鐘，艾德林聯繫任務控制中心，宣布：「休士頓，我們是跑道上的第一個。」阿波羅11號的第三位太空人柯林斯獨自待在指揮艙裡，思考著萬一兩個朋友無法從月球返回指揮艙的可能性。柯林斯後來在著作《懷抱熱情》（*Carrying The Fire*）中描述了這段經歷，他寫道：

> 過去那六個月，我內心深處的恐懼是把他們留在月球上，獨自返回地球。現在，再過幾分鐘，就知道事情的真相了。萬一他們無法從月球表面升起，或是摔回月球表面，我不會自殺，我要回家。[10]

阿姆斯壯和艾德林啟動上升引擎，登月艇的頂部脫離了月球表面。他們離開月球表面時，艾德林剛好有足夠的時間向窗外望去，他看到美國國旗被太空船的下沉氣流吹倒了。

阿姆斯壯和艾德林在繞行的指揮艙中成功地與柯林斯會合。他們拋棄了登月艇的頂部，繞到月球後面，再次啟動引擎。他們只有一次機會以正確的方式啟動引擎，萬一啟動失敗，他們會飛向外太空或迅速回到月球表面。幸好，啟動一如預期，三名太空人離開月球，開始漫長的返家之旅。

一九六九年七月二十四日，阿波羅11號返回地球，以時速三萬九千公里的驚人速度穿過地球的大氣層，進入暴風雨中。太空人打開指揮艙的降落傘，濺落在太平洋上。當時天氣很糟，海面比他們訓練時遇到的任何情況還高。後來，救援直升機找到了他們，把他們帶到安全地帶。在任務控制中心裡，大家揮舞旗幟，點燃雪茄，互相拍背。一九六一年五月，甘迺迪到國會宣布雄心勃勃的大膽計畫：在十年內把人類送上月球。驚人的是，阿波羅團隊確實實現了甘迺迪的目標，完成了看似不可能的任務。

當時尼克森總統就在那台歡迎阿姆斯壯、艾德林、柯林斯返回地球的航空母艦上，他宣布：「這是開天闢地以來，史上最偉大的一週。你們所做的一切，讓世界比以往更緊密相連。」[11]

三名英雄在隔離近三週後，在紐約的街頭遊行，獲得了熱烈的掌聲及創紀錄的大量彩帶。

為了減輕登月艇起飛時的重量，太空人把一些物品留在月球上，包括沉重的套鞋、背包、尿袋。不過，艾德林留下了那支簽字筆，現在那支筆在他的辦公室裡，放在壞掉的開關旁邊。那支筆和開關永遠稱頌著攸關登月成敗的靈活思維。

在意外轉折中蓬勃發展

我們從一個簡單的問卷開始吧。請看底下的十段敘述，以1到5分來顯示每一句描述你的貼切度，1分代表「根本不是我」，5分代表「對，肯定是我」。

1.	我很喜歡在工作中結識新朋友。
2.	放假時，我很少去同樣的地方。
3.	在工作中，我覺得想出解決問題的不同方法很簡單。
4.	我很少以一個詞來形容朋友，例如「善良」或「不可靠」。
5.	為工作上的決定辯護時，我很少說：「以前一直是這樣做。」

6.	朋友從來不會說我固執。
7.	同事向我提供一個情況的新資訊時，我常改變主意。
8.	週末我通常是想做什麼就做什麼，不會提前規劃。
9.	工作中，我往往對例行公事感到厭煩，我喜歡不熟悉的新環境和新挑戰。
10.	和朋友計畫好共度夜晚，朋友又臨時提議不同的活動時，我覺得沒關係。

我們稍後再回來看這份問卷。

在廣受歡迎的美國影集《百戰天龍》（*MacGyver*）中，特務馬蓋先（Angus MacGyver）把普通的物品與他廣博的科學知識結合起來，以脫離生死險境。在某一集中，他遇到硫酸從一個大缸子的大裂縫漏出來。他知道酸和糖混在一起會變成黏稠物，便把一根巧克力棒塞進裂縫中，化險為夷。在另一集中，馬蓋先被困在冰庫裡，他用燈泡融化一些冰，再把水倒進門鎖內。當水再次結冰時，往外膨脹，把鎖撐了開來。馬蓋先的英勇事蹟吸引了大批忠實的粉絲，最後連他的名字也收錄在《牛津英語詞典》中，變成一個動詞（意指「利用手邊的任何東西臨時拼湊或臨機應變，製造或修理某個物件」）。

這種臨機應變的思維可以在現實世界中拯救生命。二〇一三年十二月，詹姆斯・葛蘭頓（James Glanton）和克莉絲蒂娜・麥金提（Christina McIntee）開車帶著兩名幼子和他們的姪子和姪女，穿過內華達州北部的偏僻地區[12]。不幸的是，他們的吉普車開到一片冰上，車子突然打滑，衝到路邊，翻覆在地。當時氣溫降至冰點以下，又沒有手機訊號，這對夫婦開始擔心車上每個人的安全。他們心想親戚應該會報警求援，但由於他們只有保暖的外套，他們擔心在救援人員到達之前，他們可能會凍傷或凍死。這對夫婦先讓孩子們在翻倒的車內擠在一起取暖。接著，葛蘭頓在吉普車的備胎中央放了一些引燃物和木柴，加以點燃。最後，葛蘭頓把幾塊小石頭放進火裡，再把加熱的石頭拿到吉普車內，並持續在火堆和吉普車之間來回地運送石頭。岩石的餘熱幫每個人取暖，這家人兩天後獲救時，救援人員驚奇地發現他們都沒有重傷。

心理學家已設計出一些問卷來衡量人的應變力，你在本節一開始做的問卷就是以他們的研究為基礎。[13]事實上，這份問卷是衡量你在職場和生活中的應變力。想瞭解你的職場應變力，請把你的奇數題評分加起來。同樣地，想瞭解你在生活中的應變力，請把你的偶數題評分加起來。這兩個總分若是落在5到19之間，那表示你看待自己和他人的方式比較拘謹，你比較喜歡井然有序的狀況，不喜歡不確定感。相較之下，得分介於20到25分則表示你樂於接受改變，覺得適應新環境很容易。

有了這些問卷，研究人員開始探索臨機應變的思維在職場上的影響。在一項研究中，英國的研究者調查了四百多位金融業的從業人員。他們發現，思考靈活的人更能掌控工作，心理更健康，生產力較高[14]。其他的研究顯示，他們的壓力較小，比較不會缺勤，換工作也比較容易[15]。這些發現，再加上目前各組織的變化愈來愈快，使雇主更重視應變、接納新知、開發新奇工作方法的能力。事實上，最近一項調查顯示，多數的人才招募者認為，員工處理突發事件的能力是任何組織未來最需要的素質[16]。

受到這些研究發現的啟發，赫特福德大學的心理學家班·弗萊徹（Ben Fletcher）開始探索同樣的概念是如何影響個人生活的。弗萊徹發現，許多日常問題都是因為思維僵化及習慣造成的。例如，一個人一旦習慣吃太多、運動太少，就會很快超重。同樣地，如果他們老是去同樣的地方，和同樣的人聊天，就很難培養新的友誼和關係。如果他們習慣一有壓力就抽菸，很快就會變成老菸槍。

弗萊徹與心理學家卡倫·帕恩（Karen Pine）合作，研究對生活採取更靈活應變的態度會變成怎樣[17]。他們招募了一群想要減肥的參試者，並要求一半的參試者打破日常習慣（例如改變平時看的電視節目類型，走不同的路線上班，或培養新嗜好）。另一半的參試者可以自由選擇飲食。即使他們沒要求「更靈活改變」的那組減少熱量攝取或進行更多的運動，但那些人已經不再受到習慣的宰制，因此更容易接受更健康的飲食，結果體重減得較多。其他的研究顯示，同樣的方法也可以幫人戒菸，變得更快樂，甚至提高找到理想工作的機會[18]。

我們在職場和生活中，都面臨意想不到的事情。事故可能發生，市場會轉變，人也會改變。這些不確定性可能使最周密的計畫偏離軌道，突然使一切陷入未知境地。阿姆斯壯和艾德林從月球升空返航時，也是如此。對於不小心弄斷那個啟動升起引擎的開關，他們並沒有因應計畫。艾德林必須臨機應變，以手邊僅有的東西解決問題。結果他使用那支簽字筆化險為夷，那一招既聰明又有效。

遺憾的是，在臨機應變方面，艾德林算是例外，而非常態。大部分的人都受到習慣的宰制，日復一日地做著例常的事情。不過，幸好，轉換成更靈活的思維並不難。你只需要做點腦內瑜伽、遇見神祕的陌生人、願意冒險擲骰子來決定行動就行了。

腦內瑜伽

上瑜伽課會讓你的筋骨變得更靈活。同樣地，做點不一樣的事情也會讓你的思維更靈活。例如，在一項實驗中，荷蘭心理學家西蒙．瑞特（Simone Ritter）要求參試者做一份包奶油和巧克力碎片的三明治。[19]這道餐點在荷蘭很有名，通常是把麵包放在盤子上，塗上奶油，再撒上巧克力碎片。他們要求一組參試者以一般的做法來做這種三明治，要求另一組參試者把巧克力碎片放在盤子裡，先給麵包塗上奶油，再把塗了奶油的麵包壓到巧克力碎片上。相較於那些以一般做法製作三明治的人，用這種奇怪方式製作三明治的人在靈活思維測試中的得分高出許多。

同樣的道理也可以套用在日常生活上。心理學教授弗萊徹的學術生涯主要是致力幫人提高應變力。他的研究大多是不斷地把參試者帶出舒適圈，讓他們遇到意想不到的事情。弗萊徹開發了一種訓練課程，名叫「做點不同的事」，這個課程要求參與者經常體驗新奇的事物。他曾對許多組織和個人傳授這個課程，結果顯示，經常遇到意想不到的事情有助於培養更靈活的思維。

你也可以善用這個技巧，每週找一天做從未做過的事情。底下是一些建議，可以讓這個技巧變得特別有效。

◆ **打破習慣**：試著改變你最根深柢固的習慣。例如，你可以停止看電視一週，嘗試新的食物，聽新類型的音樂，走一趟沒去過的博物館或美術館，在健身房中做不同的訓練，或是到你沒去過的商店買東西。如果你喜歡一切都在掌控中的感覺，可以請伴侶或朋友在不事先徵求你的意見下，為你規劃一天。或者，如果你習慣拒絕嘗鮮的機會，你可以花一週的時間接納當週遇到的任何邀約。

◆ **輕鬆面對人生**：放鬆及笑看人生時，應變力特別強。為了培養這種輕鬆面對人生的能力，你可以試著寫詩；在十五分鐘內寫一篇短篇故事；在一張紙上隨意塗鴉，再把塗鴉變成一幅畫；在不看提示下完成填字遊戲；在房間裡練「月球漫步」的舞步；長時間聊天都不用到主詞「我」；看你討厭的電影；與孩子一起用沙發和椅墊打造城堡，晚上就在裡面過夜。

◆ **追求多元**：研究顯示，有創意的企業家往往與各種人培養人脈，他們因此接觸到不同的觀點和知識，可以幫他們以更靈活的方式看世界[20]。同樣地，你在生活中也可以多方接觸形形色色的朋友和同事。團隊合作也是如此。幾年前，研究人員探索團隊合作與新品開發方式之間的關係[21]。有些人比較容易想出全新的點子（「創新者」），有些人比較習慣改造現有的商品（「改造者」）。接著，研究人員把參試者分成三組，並衡量每一組的團隊合作效果。一組的成員都是創新者，另一組都是改造者，第三組是混合這兩種人。結果，混合創新者和改造者的團隊比單一風格的團隊效果更好。

◆ **旅行**：切記，旅行可以開闊思維[22]。幾年前，西北大學凱洛管理學院的教授威廉・邁達克斯（William Maddux）問一群參試者他們曾在國外生活多久，並測試他們以不同方法運用日常物品的能力。結果顯示，在國外住得愈久的人，思維愈靈活。而且，你不需要到很遠的地方旅行，就能獲得這種效果。在另一項研究中，邁達克斯只是要求法國學生思考他們以前在國外生活的時間，光是回憶就足以讓他們的思維變得更靈活。

天天做腦內瑜伽，你就會習慣處理意想不到的事情，並在面對變化時臨機應變，蓬勃發展。

遇見神祕的陌生人

為了培養更臨機應變的心態，可以試試這個有趣的挑戰。

想像你在酒吧裡安靜地喝酒，一個神祕的陌生人來到你的桌前，把手伸進口袋，掏出三個東西放在你桌上：一根蠟燭，一盒火柴、一個裝有圖釘的小紙盒。陌生人點燃蠟燭，要求你把點燃的蠟燭安全地固定在牆上，但是蠟油不能滴到地板上。

你怎麼破解這題？把你的想法寫在筆記本上。

也許你想到用圖釘把蠟燭固定在牆上，或是用熱蠟來固定蠟燭。遺憾的是，這兩種方法都不對，因為蠟燭離牆太近，蠟油會滴在地板上。或許，你想找當工程師的朋友，請他幫你開發一種新型的燭臺，或是去酒吧的後台找可用來解題的工具。

如果你確實想到這些方法，請再讀一次這個挑戰的說明，思考其他的解決方法。答案出乎意料的簡單，但確實需要像馬蓋先那樣隨機應變。

這項挑戰名為「鄧克蠟燭難題」（Duncker's candle problem），是心理學家卡爾．鄧克（Karl Duncker）於一九四〇年代提出的，他做了數百次實驗，測試了數千人。你想出解決辦法了嗎？最簡單的方法是清空圖釘盒，用幾個圖釘把紙板盒固定在牆上，然後把蠟燭立在盒子上。

僅40%的人想出這個簡單的解決方案，為什麼？他們從小就看過盒子裡裝著東西，但他們的大腦在不知不覺中僵化了，無法把簡單的常識套用在眼前的挑戰上。

臨機應變往往需要善用手邊現有的東西。套用一個有名的比方，你餓的時候，通常不是直接前往最近的餐廳，而是看你能用家裡剩下的食材變出什麼花樣。

有些組織運用這種方法來開發新技術。這些所謂的「節儉創新者」往往會避開昂貴的高科技解方，使用手邊現有的資源來變通。以汽水瓶燈泡為例，在許多熱帶國家，窮人往往只能住在狹小昏暗的房間裡，只求遮陽避雨。那種昏暗的房子在白天只能靠昂貴的電燈照明。然而，在菲律賓，救援人員發明了一種新奇的照明方式。他們在容量一公升的透明保特瓶中裝滿水，加入少量的漂白劑以防黴。接著，他們在屋頂上開一個洞，把瓶子塞進洞裡，確保瓶子的一半伸出屋頂。陽光會照射在瓶子的上半部分，水會把光線折射到房間裡。救援人員僅用拋棄的保特瓶、一些水、一點漂白劑，就創造出世界上最安全、最便宜的五十五瓦燈泡。

在另一個例子中，史丹佛大學生物工程系的教授馬努・普拉卡什（Manu Prakash）創造出世界上最便宜的顯微鏡。Foldscope是摺紙型的顯微鏡，使用便宜的玻璃鏡頭，用預先列印的卡紙組裝而成，只要幾分鐘即可組裝完畢。整個裝置的重量僅八克，有足夠的放大倍數，足以看到各種危險的細菌和寄生蟲。現在，開發中國家的人不需要長途跋涉或等待數月才見到專科醫生。他們只要花點小錢就可以做檢測及獲得診斷，以便治療。

下次想要投資時間或金錢在新事物上時，可以看看你是否可以更節儉、更靈活一些，運用手邊現有的東西變出新花樣。

冒風險擲骰子

路克・萊音哈特（Luke Rhinehart）一九七一年出版的暢銷小說《骰子人》（*The Dice Man*）已成為現代邪典。該書講述一個精神科醫師以擲骰子的方式，做人生的重大決定。那本書的靈感是源自於現實生活，萊音哈特小時候非常膽小，他以擲骰子的方式來逼自己做不敢做的事情。他對擲骰子的效果很滿意，所以開始把擲骰子變成日常生活的一部分，並運用這個技巧來幫他克服拖延症，走出舒適圈。

擲骰子也以意想不到的方式影響了他的人生。例如，有一天，萊音哈特開車回家時，看見兩名護士走在路上。他決定，如果擲骰子出現奇數，他就載那兩名護士一程。他擲骰子不久，就在車內跟護士聊天。那段路程很順利，他還因此愛上其中一女，最終娶了她。

多年來，世界各地的人也會使用這種擲骰子的方式，來為生活增添一些不可預測性。企業家理查·布蘭森（Richard Branson）坦言，他年輕時也用過這種技巧。骰子最初決定他必須在每小時整點的時候大叫[23]。擲了幾次骰子後，骰子又決定他又必須飛往芬蘭去看一個名叫Wigwam的樂團。當天稍晚，他已經在芬蘭的赫爾辛基看那個樂團表演。時間來到晚上十點時，他還是堅持大叫，現場的觀眾都很困惑，樂團也不太高興。但布蘭森一點也不後悔，還在樂團唱安可曲時又大叫了一次。二十四小時後，布蘭森覺得一切已經失控了，才停止實驗。儘管如此，他說，他的職業生涯多次受到擲骰子的影響。

以擲骰子的方式為生活添加隨機的元素。你需要做決定時，可以先寫下六種可能的情境。也許你正在思考今天要怎麼過，晚上去哪裡，或是看什麼電視節目。如果你有勇氣，你也可以用擲骰子的方式來決定你應該多花點時間和誰在一起、你應該放棄什麼東西一年，或你應該學習哪種新語言。只挑選你真的準備好去做的事情，寫下可能出現的情境，然後逐一編號，接著就擲骰子做決定。在擲骰子之前，記得對自己承諾，無論選中哪個方案，你都會去執行。擲了骰子之後，你就不可以變卦。

現在就去擲骰子吧，好好享受那種體驗，瞭解生活不再一成不變是什麼樣子。你可能不需要靠簽字筆啟動引擎來離開月球，但你因此衍生的應變力在日常生活中也一樣寶貴。

摘要

能夠因應突發事件臨場反應，隨機應變是成功的關鍵。如何成為更機靈的思考者：

- 試試腦內瑜伽。做不同的事情，或許你可以培養新的嗜好或興趣，結識新的朋友，改變上班的路線。
- 花時間或金錢在新的事物之前，看看你是否可以更節儉、更靈活一些，運用手邊現有的東西變出新花樣。
- 擲骰子冒險。寫下六個行動或六種可能的解決方案，然後擲骰子，接納機運帶來的力量和樂趣。

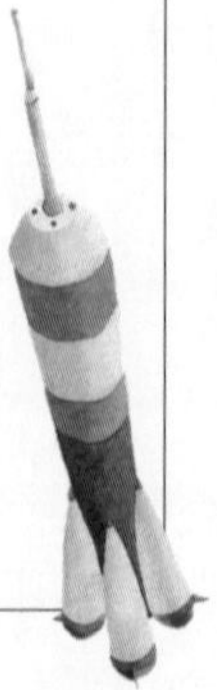

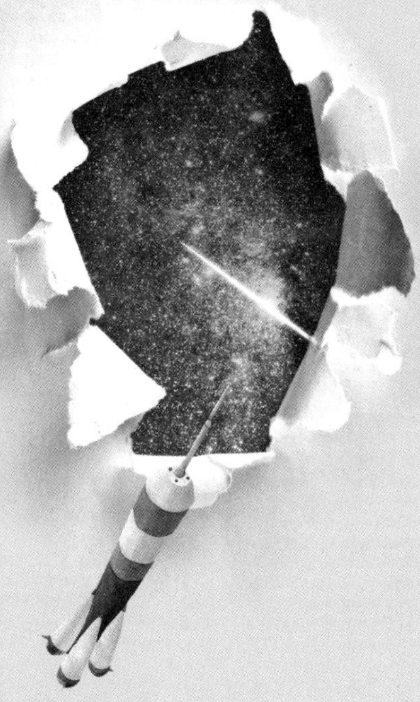

任務完成

我們大老遠來探索月球，
最重要的是，我們因此發現了地球。

美國的太空計畫實現了看似不可能的目標，而且距離甘迺迪在休士頓發表那場歷史性的演講，只有短短七年的時間，但人類已經登上月球並安全地返回地球。任務控制員是整個冒險計畫的核心。博斯蒂克在密西西比州的鄉下長大，像他那樣出生普通的任務控制員，幫忙規劃了把阿波羅太空船送上月球的軌跡。二十六歲的貝爾斯原本在載人太空船中心負責導覽，後來在阿姆斯壯的登月行動中負責追蹤登月艇。商學畢業的芬戴爾進入NASA後，負責監督太空人與地球同胞之間的溝通系統。克拉夫特在窮困的城鎮中成長，他為任務控制中心奠定了基礎，默默領導團隊邁向成功。

我認為八大心理學原則促成了任務控制中心達成如此驚人的成就，本書就是探索這八大原則。我們看到熱情的威力和創新的重要；看到相信自我是啟動任何行動的關鍵；看到學習失敗是締造成功的基礎；看到認真盡責是成功的基石；也看到勇氣是進步的跳板。最後，我們探索了防禦性悲觀，那是讓人做好萬全準備的關鍵。我們也發現面對意想不到的轉折時，靈活應變的重要。

現在是做最後一個練習的時候了。就像任務控制員用手寫的注解單提醒自己注意重要的資訊一樣，底下是那八大心理原則及一些最重要的技巧。你讀這些內容時，想想這些原則適用在你身上的程度（或者套用任務控制員的說法，看這些原則是Go，還是No Go），以及未來哪些原則值得你關注。

熱情

就像甘迺迪以「登月任務」這樣遠大的願景來激勵整個國家一樣，你也應該對目標和抱負充滿熱情。

- 設定宏大的目標，設定一個挑戰自我的截止期限，或想辦法成為第一個做某事的人。
- 自問一個簡單的問題，就可以馬上為任何活動浥注使命感：「這對他人有什麼幫助？」營造競爭感，藉此創造自己的太空競賽。

創新

就像霍伯特創造出創新的任務計畫那樣，你可以提出許多原創的點子，然後從中選出最好的方案。

- 運用「少即是多」的原則，想像如果你只有一半的資源、時間或資金，你會怎麼做。
- 運用逆向思考的力量。找出別人怎麼做，然後做相反的事（例如，當初多數的工程師主張發射一枚巨型的火箭，但霍伯特選擇組合幾個較小的航空器）。

自信

任務控制員都太年輕了，所以他們不知道在短短幾年內登上月球幾乎是不可能的事。你也可以培養同樣的自信。

- 運用小成果的力量：把目標分成更小的階段，每完成一個階段就慶祝一下。
- 感到自我懷疑時，就花點時間思考目前為止你最滿意的成就。

學會失敗

阿波羅1號的大火使阿波羅團隊更開放地接納錯誤，並從錯誤中記取教訓。同樣地，你也可以接受棘手的挑戰，承認自己的錯誤，把失敗視為成長的機會。

- 仿效卡內基，記下你做過的所有蠢事，以及你從中學到的東西。

◆ 記得使用「尚未／還沒」這個神奇的字眼，以培養成長心態。

盡責

採用阿波羅計畫中「這不會因為我而失敗」的態度，為你所做的事及不做的事負責。

◆ 克服拖延心態。記住這句箴言：「不要因為你沒時間做想做的所有事情，就什麼也不做。」

設定明確的截止期限（「我明天下午三點以前會寄電郵給你。」）。

◆ 避免過度承諾。有人問你未來是否想做某事時，自問：「我明天想做那件事嗎？」如果答案是否定的，就婉拒對方的請求。

勇氣

飛行主任倫尼曾說過一句令人難忘的話：「只要有心上月球，遲早會上去。」

◆ 找到即刻行動、不再光說不練的勇氣。

- 評估風險，並牢記甘迺迪的名言：「採取行動是有風險和代價的。但是那些風險和代價遠遠小於什麼都不做的長期風險。」
- 勇敢冒險，但不要因為你已經投入了時間、精力或金錢就魯莽行事。（切記，有時我們不是非得在今天完成任務不可。）

有備而來

就像任務控制中心對所有可能發生的情況進行演練一樣，你也可以做好充分的準備。

- 運用「what if」的假設思維，為可能發生的情況制定應急計畫。
- 進行「事前檢討」，想像專案已經失敗，判斷哪裡出了問題，並找出預防重大問題的方法。

靈活應變

艾德林靈活地運用簽字筆，確保登月艇從月球表面順利升空。同樣地，突發事件發生時，你也要準備好隨機應變。

◆ 經常做一些不同的事情。嘗試新食物，培養新嗜好或興趣，結識新朋友，或改變通勤路線。

◆ 準備好以擲骰子的方式冒險。寫下六種行動或一個問題的六種可能解方，接著擲骰子，順從命運的安排。

我採訪任務控制員時，還發現一件令人驚訝的事。成功是一回事，能夠從容地因應成功的後續發展又是另一回事了。多年來，我與許多成功的執行長、領導者、名人相處，發現成功容易讓人沖昏了頭，使人變得驕傲自大，但阿波羅計畫再次為我們提供了一盞明燈。儘管他們在人類最偉大的成就中扮演核心要角，但任務控制員是目前為止我有幸採訪過的對象中，最謙卑的一群。每次受訪時，他們總是講「我們」，而不是「我」，而且他們都會很快指出同事扮演的重要角色。許多人提到，自己有機會參與太空計畫，感到無上的光榮，覺得自己何其有幸，能夠活在全國都支持這樣大膽任務的年代。

大家常把這種謙遜誤解成一種自尊低落。事實上，研究顯示，事實正好相反。謙遜的人往往特別有自信，因此樂於輕描淡寫自己的成就，跟別人分享榮耀。對他們來說，成功不是為了提升自己的地位或膨脹自我，而是客觀地看待自己的成就，肯定自身以外的因素所發揮的效果，例如成長背景、運氣和其他人。

最近的研究顯示，謙遜的人往往更無私、更寬容、更討人喜歡、更感恩、更好合作[1]。或許並不意外的是，他們也比多數人擁有更多的朋友，比較可能擁有充滿關愛的穩定關係。同樣的道理也適用在職場上。許多研究顯示，謙遜對團隊合作很重要，所以和工作滿意度及生產力有正相關。同樣地，研究也證明謙遜是卓越領導力的基礎，是讓組織從優良邁向卓越的一大要素。

任務控制員的謙遜可能是源於他們的普通背景、一九五〇年代和六〇年代的社會常態，又或者是因為他們必須團隊合作才能完成登月任務。不管是什麼原因，他們的謙遜令人欽佩，也讓人窩心。可惜的是，這種謙虛在現代社會中似乎愈來愈罕見了。一些研究人員發現，自我膨脹和自戀的現象正急劇增加。或許是因為社群媒體的推波助瀾，現在世界上似乎隨處可見亟欲成為眾人焦點的人。

幸好，要改變這種情況並不難。當成功降臨在你身上時，你可以花點時間想想任務控制員如何談論他們的驚人成就。當你描述成就時，可以用「我們」當主詞，而不是「我」。回想一下，朋友、伴侶、老師、父母、家人和同事的支援如何促成你的成就。多多感謝好運氣、成長環境，以及幫你找到自我的情境。

阿波羅計畫帶來了大量的技術效益。從住宅隔熱裝置到防震運動鞋、從記憶泡棉床墊到防刮鏡片、從防火裝到積體電路等等，你的日常生活都是登月任務促成的結果。然而，最持久的效益之一是心理上的，而不是技術上的。

一九六八年的聖誕夜，阿波羅8號的太空人在環繞月球時，他們一度透過太空艙的窗戶往外看，看到地球升到月球上方，並迅速拍下幾張彩色照片。其中最好的照片是由威廉·安德斯（William Anders）拍攝的，名為「地球升起」（Earth-rise），那張照片已經變成史上最有名、最頻繁轉載的照片之一。一般人看到「地球升起」的照片時，往往會覺得視角突然變了。有些人看到地球像一顆懸浮在太空中的美麗藍色彈珠，相較之下，月球的表面貧瘠，看起來死氣沉沉，他們因此覺得自己生活在地球上何其有幸。有些人則覺得，那張照片顯示出人類是完全孤獨的，漂浮在廣闊的宇宙中，並鮮明地顯現出戰爭和暴行的平庸。對許多人來說，這張照片顯示了地球有多麼渺小、多麼脆弱，讓他們更想要好好地保護地球。事實上，大家普遍認為「地球升起」的照片及阿波羅任務中的類似照片，是推動環保運動的一大動力。太空人安德斯曾說過的一句令人難忘的話：「我們大老遠來探索月球，最重要的是，我們因此發現了地球。」

從太空拍攝的地球照片，讓數百萬人因此改變了他們看待自己及世界的方式。同樣地，把人類送上月球的心態，也讓我們以一種全新的方式看待成功。說到成就斐然的人物，你可能會不由自主地聯想到那些奧運精英（他們因為天賦過人，再搭配極其嚴苛的訓練，所以能夠上台領獎）、或是頭腦冷靜、言辭強硬的執行長（他們唯一關心的是如何提高公司的淨利），或是出生特權階級的富豪（他們得益於人脈和繼承的財富），或是創業致富的創業家（他們冒著巨大風險，持續打造一個接一個帝國大業）。

然而，任務控制員都不符合這些樣板，他們改寫了成功的故事。他們是一群平凡人，來自普通的背景，為了人類的利益，實現了一個看似不可能達成的目標。他們是一種新型成功的證明，而且在整個過程中，他們始終保持謙遜。

每當你抬頭賞月時，別忘了他們激勵人心的故事。

儘管困難重重，他們還是成功了。

你也可以。

謝辭

若非許多人的幫助和支持，這本書不可能出版。

這本書的靈感是來自我和喜劇演員兼太空迷海倫．基恩（Helen Keen）聊天的時候。自始至終，她一直給予我極大的支持和幫助，並好心介紹我認識另一位太空迷克雷格．史考特（Craig Scott）。海倫，謝謝你。

坦白講，克雷格實在太棒了。他對太空探索充滿了熱情，而且設法和許多任務控制員成為好友。克雷格介紹我認識這群傑出的人才，在寫這本書的初期給了我極大的支持，並在過程中持續提供我寶貴的協助。克雷格，非常感謝你撥冗協助及善意的支持！

接著，我要感謝這群任務控制員，謝謝他們願意花時間與我通電郵及接受訪談。感謝以下諸位：貝爾斯、博斯蒂克、狄特里屈、馮艾倫弗里德、芬戴爾、葛瑞芬、霍尼卡特、庫斯、倫尼、沃德。與你們通電郵及聊天既愉快又獲益匪淺。認識你們是我的榮幸，再次感謝大家。

我也要感謝頂尖律師奧羅克和出色的「任務評估室」工程師伍德菲爾，他們熱情地聊起他們在萊斯大學目睹甘迺迪登月演說的回憶。感謝發明家兼工程師萊因哈特撥冗接受訪問，謝謝他的弟弟帕爾菲促成那次有趣的訪談，也謝謝他的女兒坦妮雅提供的協助。感謝奧本大學的安德魯．貝爾德（Andrew Baird）針對「廷德爾報」這個奇怪的世界，提供如此迷人又實用的見解。感謝熱愛太空探索的奧斯本與我聊到電話號碼和火箭發射的資訊。特別感謝了不起的伯克，與你聊天是一大樂事。是的，我記得為這本書取了名字！

感謝大衛．布里特蘭（David Britland）、肯．吉賀力（Ken Gilhooly）、科林．奧特力（Colin Utley）、傑夫．山佛德（Jeff Sanford）在過程中給予的寶貴建議和鼓勵。

如果沒有才華橫溢的經紀人派翠克．沃爾許（Patrick Walsh）、出色的編輯強．巴特勒（Jon Butler）、凱蒂．佛連（Katy Follain）和瑪麗安．利齊（Marian Lizzi），這本書不可能出版。

最後，一如既往，若是沒有另一半卡洛琳．瓦特（Caroline Watt）的大力支持，這本書也不可能問世。

每個人都惠我良多，但是在事實查證、資料尋找、心理學分析方面，責任由我完全承擔。

附錄

太空人挑戰

如果你是在一張平面紙上解這個謎題，那是無法破解的。這方面的數學證明有點複雜，涉及圖論、節點、頂點、約當曲線定理（Jordan curve theorem）。不過，為了讓大家大致瞭解涉及的議題，我們來探索一下解這題的時候，常出現的兩種不同情境。

在第一種情境中，你把兩名太空人連接到三個箱子上，這時第三名太空人變成在那些線的「外面」，如下圖所示：

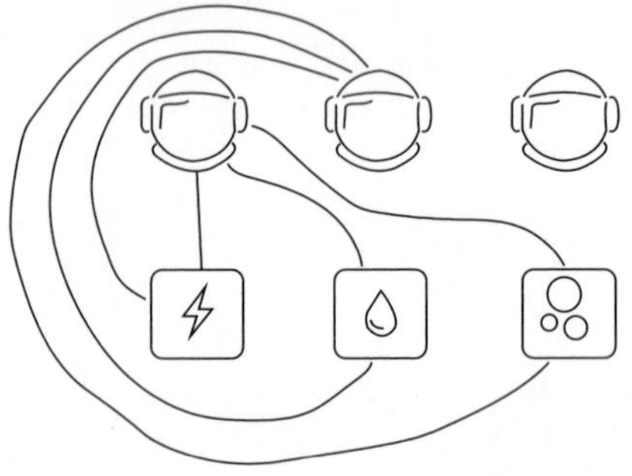

如圖所示，現在你不可能在不越過一條線的情況下，把第三名太空人和供電系統連接起來。

在第二種情境中，第三名太空人變成在線的「裡面」，如下圖所示：

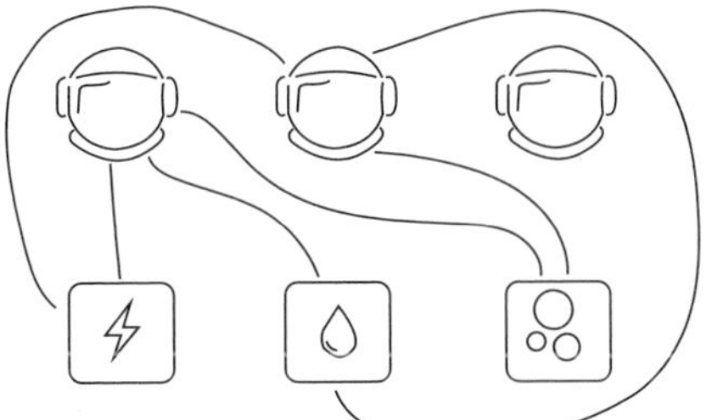

你可以看到，你不可能把太空人和電箱連接起來。

解決這個難題的最有趣方法，是改變遊戲規則，在曲面上解題。如果你想探索這個方法，可以抓起一個貝果和一支筆，在貝果的上端表面標記三名太空人。接著，把貝果翻過來，在貝果的底部標記三個箱子。現在看你是否可以在不交叉任何線之下，連接三個太空人與三個箱子。在這種情況下，確實是有可能的！

—— 注釋 ——

⊙ 起飛

1. 這方面已經有少量的研究。例如，飛行主任吉恩・克朗茲（Gene Kranz）列出六項「任務掌控基礎」（紀律、能力、信心、責任、堅韌、團隊合作）；一九八九年，數位參與阿波羅計畫的資深官員聚在一起討論管理和領導力（Logsdon, J. M., ed.[1989]. *Managing the Moon Program: Lessons Learned From Project Apollo: Proceedings of an Oral History Workshop, Monographs In Aerospace History*, no. 14. NASA History Project)；二〇一二年七月，歷史學家安德魯・柴金（Andrew Chaikin）在戈達太空飛行中心（Goddard Space Flight Center）發表演說，暢談阿波羅計畫的管理。

① 「我們選擇登上月球……」

1. 關於史普尼克1號的更多資訊，請見Boyle, R. (2008). "A Red Moon over the Mall: The Sputnik Panic and Domestic America." *The Journal of American Culture*, 31: 373–82.
2. 密西根大學賓利歷史圖書館（Bentley Historical Library, University of Michigan）授權轉載。
3. Boyle, "A Red Moon over the Mall", 374.
4. 同前，375。
5. Murray, C. A. & Cox, C. B. (1989). *Apollo: The Race to the Moon*. Simon & Schuster: New York, 23–4.
6. Boyle, "A Red Moon over the Mall", 378.
7. Logsdon, J. M. (2010). *John F. Kennedy and the Race to the Moon*. Palgrave Studies in the History of Science and Technology: London.
8. 作者訪談。
9. 作者訪談。
10. Cited in Logsdon, *Managing the Moon Program*.
11. Cited in Swanson, G., ed. (2012). *Before This Decade Is Out: Personal Reflections on the Apollo Program*. Dover Publications: New York.
12. 作者訪談。
13. 作者訪談。
14. 關於這項研究的概述，請見：Vallerand, R. J. (2015). *The Psychology of Passion: A Dualistic Model*. Open University Press: New York.

15. Schellenberg, B. & Bailis, D. (2015). "Can Passion Be Polyamorous? The Impact of Having Multiple Passions on Subjective Well-Being and Momentary Emotions." *Journal of Happiness Studies* 16 (6): 1365–81.
16. Campbell, E. T. (1970) "'Give Ye Them to Eat': Luke 9:10-17." In "Sermons from Riverside." Publications Office, Riverside Church: New York.
17. Bunderson, J. & Thompson, J. (2009). "The Call of the Wild: Zookeepers, Callings, and the Double-Edged Sword of Deeply Meaningful Work." *Administrative Science Quarterly*, 54: 32–57.
18. Howatt, W. A. (1999). "Journaling to Self-evaluation: A Tool for Adult Learners." *International Journal of Reality Therapy*, 18(2): 32–4.
19. Grant, A. M., Campbell, E. M., Chen, G., Cottone, K., Lapedis, D. & Lee, K. (2007). "Impact and the Art of Motivation Maintenance: The Effects of Contact with Beneficiaries on Persistence Behavior." *Organizational Behavior and Human Decision Processes*, 103: 53-67.
20. 關於這個研究，請見：Wrzesniewski, A., LoBuglio, N., Dutton, J. E. & Berg, J. M. (2013). "Job Crafting and Cultivating Positive Meaning and Identity in Work", in Arnold B. Bakker (ed.) *Advances in Positive Organizational Psychology*, vol.1. Emerald Group Publishing Limited: Bingley, UK, 281–302.
21. Triplett, N. (1898). "The Dynamogenic Factors in Pacemaking and Competition." *American Journal of Psychology*, 9: 507–33.
22. Murayama, K. and Elliot, A. J. (2012). "The Competition–Performance Relation: A Meta-analytic Review and Test of the Opposing Processes Model of Competition and Performance." *Psychological Bulletin* 138: 1035–70.
23. Kilduff, G.J. (2014). "Driven to Win: Rivalry, Motivation, and Performance." *Social Psychological and Personality Science* 5: 944–52.

② 「約翰，奏效了！」

1. 關於馮布朗的傳記資訊，請見：Ward, R. (2009). *Dr. Space: The Life of Werner Von Braun*. Naval Institute Press: Annapolis, MD.
2. 關於馮布朗和納粹的更多資訊，請見：Neufeld, M.J. (2013). *The Rocket and the Reich: Peenemünde and the Coming of the Ballistic Missile Era.* Smithsonian Books: Washington, D.C.
3. 想瞭解更多馮布朗的公開研究，請見：Scott, D.M. & Jurek, R. (2014). *Marketing*

the Moon. MIT Press: Cambridge, Massachusetts. MA.

4. 關於馮布朗認為最佳的登月方式，請見：Neufeld, M.J. (2008). "Von Braun and the Lunar-Orbit Rendezvous Decision: Finding a Way to Go to the Moon". *Acta Astronautica*. 63: 540-50. doi: 10.1016/j.actaastro.2007.12.011.
5. 想瞭解更多霍伯特的研究，請見：Hansen, J.R. (1995). "Enchanted Rendezvous: John C. Houbolt and the Genesis of the Lunar-Orbit" *Rendezvous Concept. Monograph in Aerospace History*, no. 4, NASA History Division.
6. Wimbiscus, B. (2014). "John C. Houbolt, a Joliet Native, Remembered for Helping Put Man on the Moon" *Herald-News*, April 22.
7. Yardley, W. (2014). "John Houbolt, NASA Innovator Behind Lunar Module, Dies at 95." *New York Times*, April 27.
8. Hansen, *Enchanted Rendezvous*.
9. 例 如 參 見：Luchins, A. S. (1942). *Mechanization in Problem Solving: The Effect of Einstellung. Psychological Monographs*. 54 (6): i-95; Rokeach, M. (1948). "Generalized Mental Rigidity as a Factor in Ethnocentrism" *Journal of Abnormal and Social Psychology*, 43(3): 259-78.
10. Gregg, A. P., Mahadevan, N. & Sedikides, C. (2016). "The SPOT Effect: People Spontaneously Prefer Their Own Theories" *Quarterly Journal of Experimental Psychology*, Section B, 70: 996-1010.
11. 關於這項研究，請見：Kyung, H. K. (2011), "The Creativity Crisis: The Decrease in Creative Thinking Scores on the Torrance Tests of Creative Thinking", *Creativity Research Journal* 23(4): 285-95.
12. Cooper, B. L., Clasen, P., Silva-Jalonen, D. E. & Butler, M. C. (1999). "Creative Performance on an In-basket Exercise: Effects of Inoculation against Extrinsic Reward" *Journal of Managerial Psychology* 14(1), 39-57.
13. Scopelliti, I., Cillo, P., Busacca, B. & Mazursky, D. (2014). "How Do Financial Constraints Affect Creativity?" *Journal of Product Innovation Management* 31(5): 880-93.
14. Sio, U.N. & Ormerod, T. C. (2009). "Does Incubation Enhance Problem Solving? A Meta-analytic Review." *Psychological Bulletin*, 135: 94-120.
15. Gilhooly, K. J., Georgiou, G. J., Garrison, J., Reston, J. D. & Sirota, M. (2012). "Don't Wait To Incubate: Immediate Versus Delayed Incubation in Divergent Thinking" *Memory and Cognition* 40: 966-75.
16. Oppezzo, M. & Schwartz, D. L. (2014) "Give Your Ideas Some Legs: The Positive Effect Of Walking On Creative Thinking." *Journal of Experimental Psychology: Learning,*

Memory, and Cognition 40(4): 1142-52.
17. Wagner, U. et al. (2004). "Sleep Inspires Insight" *Nature* 427: 352-5.
18. Mednick, S. C., Kanady, J., Cai, D. & Drummond, S. P. A. (2008). "Comparing the Benefits of Caffeine, Naps and Placebo on Verbal, Motor, and Perceptual Memory." *Behavioral Brain Research* 193: 79-86.
19. Huang, Y., Choe, Y., Lee, S., Wang, E., Wu, Y. & Wang, L. (2018). "Drinking Tea Improves the Performance of Divergent Creativity." *Food Quality and Preference* 66: 29-35.

③「我們不知道這是不可能的。」

1. Reichhardt, T. (2000). "First Up." *Air & Space/Smithsonian* (September). https://www.airspacemag.com/space/first-up-1474936/.
2. 更多資訊，請見：Wolfe, T. (1979). *The Right Stuff.* Farrar, Straus and Giroux: New York; Conrad, N. & Klausner, H. A. (2005). *Rocketman: Astronaut Pete Conrad's Incredible Ride to the Moon and Beyond.* Penguin Books: London.
3. Glenn, J. & Taylor, N. (1985). *John Glenn: A Memoir.* Bantam Books: New York.
4. Kranz, G. (2009). *Failure Is Not an Option: Mission Control from Mercury to Apollo 13 and Beyond.* Simon & Schuster: New York.
5. https://history.nasa.gov/SP-4201/ch11-4.htm.
6. Kraft, C. (2001). *Flight: My Life in Mission Control.* Dutton Books: New York.
7. Burgess, C. (2015). *Friendship 7: The Epic Orbital Flight of John H. Glenn, Jr. Springer.* International Publishing: New York.
8. Bostick, J. (2016). *The Kid from Golden: From the Cotton Fields of Mississippi to NASA Mission Control and Beyond.* iUniverse: Bloomington, IN.
9. 作者訪談。
10. 作者訪談。
11. 關於這個理論的概要，請見：Bandura, A. (1977). "Self-efficacy: Toward a Unifying Theory of Behavioral Change." Psychological Review 84: 191–215.
12. Bandura, A. (1997). *Self-efficacy: The Exercise of Control.* Freeman: New York.
13. Amabile, T. M. & Kramer, S. J. (2011). *The Progress Principle: Using Small Wins to Ignite Joy, Engagement, and Creativity at Work.* Harvard Business Review Press: Cambridge, MA.
14. 作者訪談。

15. Sparrow, K. R. (1998). "Resiliency and Vulnerability in Girls During Cognitively Demanding Challenging Tasks." PhD thesis, Florida State University, Tallahassee, FL.
16. 關於誰最早想出《小火車頭辦到了》的故事，目前莫衷一是。但這個故事最熱門的版本是一九三〇年代由Platt & Munk出版的，故事的轉述則歸功於Watty Piper（Arnold Munk的筆名）。
17. Fowler, J. H. & Christakis, N. A. (2008). "Dynamic Spread of Happiness in a Large Social Network: Longitudinal Analysis over 20 Years in the Framingham Heart Study." *BMJ* 337: a2338.
18. Damisch, L., Stoberock, B. & Mussweiler, T. (2010). "Keep Your Fingers Crossed! How Superstition Improves Performance." *Psychological Science* 21 (7): 1014–20.
19. Keller, H. (1903). Optimism. Crowell & Co.: New York.
20. Bannister, R. (2014). *Twin Tracks: The Autobiography.* Robson Press: London.
21. Schrift, R. Y. & Parker, J. R. (2014). "Staying the Course: The Option of Doing Nothing and Its Impact on Postchoice Persistence." *Psychological Science* 25 (3): 772–80.

④ 把逆勢當成登天的階梯

1. Boomhower, R. E. (2004). *Gus Grissom: The Lost Astronaut* (Indiana Biography Series). Indiana Historical Society: Indianapolis, IN.
2. Grissom, B. & Still, H. (1974). *Starfall.* Crowell & Co.: New York.
3. White, M. C. (2006). "Detailed Biographies of Apollo I Crew—Gus Grissom." NASA History. https://history.nasa.gov/Apollo204/zorn/grissom.htm.
4. Howell, E. (2018). "How John Young Smuggled a Corned-Beef Sandwich into Space." Space.com, January 10. https://www.space.com/39341-john-young-smuggled-corned-beef-space.html.
5. White, "Detailed Biographies of Apollo I Crew—Gus Grissom."
6. 作者訪談。
7. 作者訪談。
8. Grissom, V. I. (1968). *Gemini: A Personal Account of Man's Venture into Space.* Macmillan: New York.
9. *United States. (1967). Report of Apollo 204 Review Board to the Administrator,* National Aeronautics and Space Administration. National Aeronautics and Space Administration: Washington, D.C.
10. Kranz, *Failure Is Not an Option.*

11. Houston, R. & Heflin, M. (2015). *Go, Flight! The Unsung Heroes of Mission Control.* University of Nebraska Press: Lincoln, NE, 33.
12. 作者訪談。
13. Logsdon, J. M. (ed.) (1989). "Managing the Moon Program: Lessons Learned from Project Apollo: Proceedings of an Oral History Workshop." *Monographs in Aerospace History*, no. 14, NASA.
14. Dweck, C. S. (2012). *Mindset: How You Can Fulfill Your Potential.* Constable & Robinson Limited: London. 最近有幾項關於這項研究的綜合分析，有些綜合分析顯示其影響較小。例如參見：Sisk, V. F., Burgoyne, A. P., Sun, J., Butler, J. L. & Macnamara, B. N. (2018). "To What Extent and Under Which Circumstances Are Growth Mind-Sets Important to Academic Achievement? Two Meta-Analyses." *Psychological Science* 29 (4): 549–71.
15. Blackwell, L., Trzesniewski, K. & Dweck, C. S. (2007). "Implicit Theories of Intelligence Predict Achievement across an Adolescent Transition: A Longitudinal Study and an Intervention." *Child Development* 78: 246–63.
16. Ehrlinger, J., Burnette, J. L., Park, J., Harrold, M. L. & Orvidas, K. (in press). "Incremental Theories of Weight Predict Lower Consumption of High-Calorie, High-Fat Foods." *Journal of Applied Social Psychology.*
17. Keating, L. A. & Heslin, P. A. (2015). "The Potential Role of Mindsets in Unleashing Employee Engagement." *Human Resource Management Review* 25: 329–41; Heslin, P. A. & Keating, L. A. (2017). "In Learning Mode? The Role of Mindsets in Derailing and Enabling Experiential Leadership Development." *Leadership Quarterly* 28: 367–84; Heslin, P. A., Latham, G. P. & VandeWalle, D. (2005). "The Effect of Implicit Person Theory on Performance Appraisals." *Journal of Applied Psychology* 90: 842–56; Senn Delaney Leadership Consulting Group (2014). *Why Fostering a Growth Mindset in Organizations Matters.* Los Angeles and London. http://knowledge.senndelaney.com/docs/thought_papers/pdf/stanford_agilitystudy_hart.pdf.
18. 有關這類謎題的歷史回顧，請見：Kullman, D. (1979). "The Utilities Problem." *Mathematics Magazine* 52 (5): 299–302.
19. Houston & Heflin, *Go, Flight!*, 21.
20. Watts, S. (2013). *Self-Help Messiah.* Other Books: New York.
21. 研究人員開發及使用這類練習來探索成長心態和定型心態的概念，例如參見：Aronson, J., Fried, C. & Good, C. (2002). "Reducing the Effects of Stereotype Threat on African American College Students by Shaping Theories of Intelligence." Journal of Experimental Social Psychology 38: 113–25.

22. Mueller, C. M. & Dweck, C. S. (1998). "Intelligence Praise Can Undermine Motivation and Performance." *Journal of Personality and Social Psychology* 75: 33–52.
23. 關於這個概念的額外資訊，請見Carol Dweck's TED talk, "The Power of Believing that You Can Improve."
24. Burgess, C. (2014). Chapter 2, "An Astronaut Named Gus," in *Liberty Bell 7: The Suborbital Mercury Flight of Virgil I. Grissom*. Springer International Publishing: Switzerland.

⑤ 「這不會因為我而失敗。」

1. 私人通訊。
2. Lafferty, J. M. (2013). "Out-of-This-World Teamwork Lesson from NASA." PhilstarGlobal, June 17. http://www.philstar.com/business-life/2013/06/17/954698/out-world -teamwork-lessons-nasa.
3. Farmer, G. & Hamblin, D. J. (1970). *First on the Moon: A Voyage with Neil Armstrong, Michael Collins and Edwin E. Aldrin*, Jr. Little Brown: Boston, MA, 77.
4. 作者訪談。
5. 作者訪談。
6. 作者訪談。
7. 作者訪談。
8. 作者訪談。
9. Farmer & Hamblin, *First on the Moon*, 76.
10. Described in: Schirra, W. & Billings, R. N. (1988). Quinlan Press: Boston, MA.
11. 同前。
12. Wally Schirra. "Gemini VI." https://www.wallyschirra.com/gemini.htm.
13. Decker, W. H. & Rotondo, D. M. (1999). "Use of Humor at Work: Predictors and Implications." *Psychological Reports* 84 (3): 961–8.
14. Minton, H. L. (1988). *Lewis M. Terman: Pioneer in Psychological Testing. American Social Experience Series*. New York University Press: New York.
15. Borghans, L., Golsteyn, B. H. H., Heckman, J. J. & Humphries, J. E. (2016). "What Grades and Achievement Tests Measure." *Proceedings of the National Academy of Sciences* 113 (47): 13354–9; Duckworth, A. L., Weir, D., Tsukayama, E. & Kwok, D. (2012). "Who Does Well in Life? Conscientious Adults Excel in Both Objective and Subjective Success." *Frontiers in Psychology* 3 (356): 1–8; Poropat, A. E. (2014). "Other-rated

Personality and Academic Performance: Evidence and Implications." *Learning and Individual Differences* 34: 24–32.

16. Judge, T. A., Higgins, C. A., Thoresen, C. J. & Barrick, M. R. (1999). "The Big Five Personality Traits, General Mental Ability, and Career Success across the Life Span." Personnel Psychology 52: 621–52; Roberts, B. W., Walton, K. & Bogg, T. (2005). "Conscientiousness and Health across the Life Course." *Review of General Psychology* 9: 156–68; Roberts, B. W. & Bogg, T. (2004). "A 30-Year Longitudinal Study of the Relationships between Conscientiousness-Related Traits, and the Family Structure and Health-Behavior Factors that Affect Health." *Journal of Personality* 72: 325–54.
17. Solomon, B. C. & Jackson, J. J. (2014). "The Long Reach of One's Spouse: Spousal Personality Influences Occupational Success." *Psychological Science* 25: 2189–98.
18. Jackson, J. J., Wood, D., Bogg, T., Walton, K. E., Harms, P. D. & Roberts, B. W. (2010). "What Do Conscientious People Do? Development and Validation of the Behavioral Indicators of Conscientiousness (BIC)." *Journal of Research in Personality* 44: 501–11.
19. Rotter, J. B. (1966). "Generalized Expectancies for Internal versus External Control of Reinforcement." *Psychological Monographs* 80: 1–28.
20. Ng, T. W. H., Sorensen, K. L. & Eby, L. T. (2006). "Locus of Control at Work: A Meta-Analysis." *Journal of Organizational Behavior* 27: 1057–87.
21. Mendoza, J. C. (1999). "Resiliency Factors in High School Students at Risk for Academic Failure." Unpublished doctoral dissertation, California School of Professional Psychology.
22. Moller, J. & Koller, O. (2000). "Spontaneous and Reactive Attributions Following Academic Achievement." *Social Psychology of Education* 4: 67–86.
23. Rebetez, M. M. L., Barsics, C., Rochat, L., D'Argembeau, A. & Van der Linden, M. (2016)."Procrastination, Consideration of Future Consequences, and Episodic Future Thinking." *Consciousness and Cognition* 42: 286–92.
24. Hershfield, H. E., Goldstein, D. G., Sharpe, W. F., Fox, J., Yeykelis, I., Carstensen, I. I. & Bailenson, J. N. (2011). "Increasing Saving Behavior through Age-Progressed Renderings of the Future Self." *Journal of Marketing Research* 48: S23–S37.
25. 作者訪談。
26. Tu, Y. & Soman, D. (2014). "The Categorization of Time and Its Impact on Task Initiation." *Journal of Consumer Research* 41 (3): 810–22.
27. Brannon, L. A., Hershberger, P. J. & Brock, T. C. (1999). "Timeless Demonstrations of Parkinson's First Law." *Psychonomic Bulletin & Review* 6: 148.
28. Conte, J. M. & Jacobs, R. R. (2003). "Validity Evidence Linking Polychronicity and Big

5 Personality Dimensions to Absence, Lateness, and Performance." *Human Performance* 16: 107–29.
29. Ellis, D. A. & Jenkins, R. (2015). "Watch-Wearing as a Marker of Conscientiousness." *PeerJ* 3: e1210.
30. Conte, J. M., Honig, H. H., Dew, A. F. & Romano, D. M. (2001). "The Incremental Validity of Time Urgency and Other Type A Subcomponents in Predicting Behavioral and Health Criteria." *Journal of Applied Social Psychology* 31: 1727–48.
31. Pronin, E., Olivola, C. Y. & Kennedy, K. A. (2008). "Doing unto Future Selves as You Would Do unto Others: Psychological Distance and Decision Making." *Personality and Social Psychology Bulletin* 34: 224–36.
32. Horn, J., Nelson, C. E. & Brannick, M. T. (2004). "Integrity, Conscientiousness, and Honesty." *Psychological Reports* 95 (1): 27–38.
33. Dunlop, P., Lee, K., Ashton, M. C., Butcher, S. & Dykstra, A. (2015). "Please Accept My Sincere and Humble Apologies: The HEXACO Model of Personality and the Proclivity to Apologize." *Personality and Individual Differences* 79: 140–5.

⑥ 「只要有心上月球，遲早會上去。」

1. Sven's Space Place. "Jodrell Bank's Role in Early Space Tracking Activities—Part 2." "Zond 5—A Strange Soviet Game of Hide-and-Seek and Voices from the Sky." http://www.svengrahn.pp.se/trackind/jodrell/jodrole2.htm#Zond5hide.
2. 作者訪談。
3. 作者訪談。
4. Kluger, J. (2017). *Apollo 8: The Thrilling Story of the First Mission to the Moon.* Henry Holt and Company: New York.
5. 同前。
6. 同前。
7. 同前。
8. 同前。
9. 作者訪談。
10. 作者訪談。
11. 作者訪談。
12. 作者訪談。
13. 作者訪談。

14. Roth, S. & Cohen, L. J. (1986). "Approach, Avoidance, and Coping with Stress." *American Psychologist* 41 (7): 813–19.
15. Ferriss, T. (2016). Tools of Titans: The Tactics, *Routines, and Habits of Billionaires, Icons, and World-Class Performers*. Houghton Mifflin Harcourt: Boston, MA.
16. 這部分的所有引述皆來自作者訪談。

⑦ 當機立斷者

1. Jerry Bostick, 作者訪談。
2. Harland, D. M. (2007). *The First Men on the Moon: The Story of Apollo 11.* Springer: New York.
3. Bogo, J. (2009). "The Oral History of Apollo 11." Popular Mechanics, June. https://www.popularmechanics.com/space/moon-mars/a4272/4317732/.
4. Pfeiffer, C. J. (1965). "Space Gastroenterology: A Review of the Physiology and Pathology of the Gastrointestinal Tract as Related to Space Flight Conditions." *Medical Times* 93: 963–78; Calloway, D. H. & Murphy, E. L. (1969). "Intestinal Hydrogen and Methane of Men Fed Space Diet." *Life Science and Space Research* 7: 102–9.
5. Kranz, *Failure Is Not an Option.*
6. 作者訪談。
7. 作者訪談。
8. The speech, written by William Safire, is available at the National Archives website: https://www.archives.gov/files/presidential-libraries/events/centennials/nixon/images/exhibit/rn100-6-1-2.pdf.
9. 作者訪談。
10. 作者訪談。
11. 作者訪談。
12. 感謝奧本大學的安德魯・貝爾德（Andrew Baird）提供本節的大部分資訊。有關廷德爾的研究詳情，請參閱貝爾德的精彩文章：(2007) "How to Land Next to a Surveyor: Bill Tindall and the Apollo Pinpoint Lunar Landing." Quest 14 (2): 19–27. Many of the Tindallgrams are stored in the NASA archive and available online.
13. In Swanson, *Before This Decade Is Out*, Kranz interview, 139.
14. 這一節的引述是取自NASA官方的空對地通訊紀錄：https://www.hq.nasa.gov/alsj/a11/a11transcript_tec.html.
15. 作者訪談。

16. 作者訪談。
17. 關於這項研究的通盤概要，參見：Fox, E. (2013). *Rainy Brain, Sunny Brain: The New Science of Optimism and Pessimism*. Random House: London.
18. 關於這項研究的概要，參見：Norem, J. (2002). The Positive Power of Negative Thinking. Basic Books: New York.
19. Klein, G. (2007). "Performing a Project Premortem." *Harvard Business Review* 85 (9): 18–19.

⑧ 艾德林和消失的開關

1. De Monchaux, N. (2011). *Spacesuit: Fashioning Apollo.* MIT Press: Cambridge, MA; Delaware, F. (2013). "Apollo Space Suit, 1962–1974. A Historic Mechanical Engineering Landmark." Apollo Space Suit International Latex Corporation.
2. 作者訪談。
3. 更多資訊請見：http://www.flippers.be/stern_orbitor_one_history.html.
4. Moran, J. (2013). *Armchair Nation: An Intimate History of Britain in Front of the TV.* Profile Books: London.
5. 作者訪談。
6. 作者訪談。
7. Aldrin, B. & Abraham, K. (2016). *No Dream Is Too High: Life Lessons from a Man Who Walked on the Moon.* National Geographic: Washington, D.C.
8. 作者訪談。
9. NASA website. "Apollo 11 Lunar Surface Journal." https://www.hq.nasa.gov/alsj/a11/a11.launch.html.
10. Collins, M. (1975). *Carrying the Fire: An Astronaut's Journey*. W. H. Allen: London.
11. Nixon, R. (July 24, 1969). 阿波羅11號的太空人完成登月任務後，尼克森在大黃蜂號航空母艦（U.S.S. *Hornet*）上與他們的對話。關於尼克森與太空人的對話全文，請見：https://www.nixonfoundation.org/2011/07/7-24-1969-apollo-11-astronauts-return-from-the-moon/.
12. Today (2016). "Nev. Family Exclusive: We Wouldn't 'Have Lasted Another Two Days' without Rescue." October 14. https://www.today.com/news/nev-family-exclusive-we-wouldnt-have-lasted-another-two-days-2D11744232.
13. 例如參見：Ben-Itzhak, S., Bluvstein, I. & Maor, M. (2014). "The Psychological Flexibility Questionnaire (PFQ): Development, Reliability and Validity." Webmed

Central.com. https://www.webmedcentral.com/wmcpdf/Article_WMC004606.pdf; Fletcher, B. & Stead, B. (2000). (Inner) *FITness and the FIT Corporation (Smart Strategies)*. International Thomson Press: London; Ployhart, R. E. & Bliese, P. D. (2006). "Individual Adaptability (I-ADAPT) Theory: Conceptualizing the Antecedents, Consequences, and Measurement of Individual Differences in Adaptability," in *Understanding Adaptability: A Prerequisite for Effective Performance within Complex Environments*, vol. 6, eds. Burke, C. S., Pierce, L. G. & Salas, E. Elsevier Science: St. Louis, MO, 3–39.

14. Bond, F. W. & Bunce, D. (2003). "The Role of Acceptance and Job Control in Mental Health, Job Satisfaction, and Work Performance." *Journal of Applied Psychology* 88: 1057–67.
15. Bond, F. W. & Flaxman, P. E. (2006). "The Ability of Psychological Flexibility and Job Control to Predict Learning, Job Performance, and Mental Health." *Journal of Organizational Behavior Management* 26: 113–30; Ingram, M. P. B. (1998). "A Study of Transformative Aspects of Career Change Experiences and Implications for Current Models of Career Development." PhD dissertation, Texas A&M University, College Station, TX.
16. Right Management ManpowerGroup (2014). *The Flux Report: Building a Resilient Workforce in the Face of Flux*. http://www.manpowergroup.co.uk/wp-content/uploads/2015/04/The-Flux-Report_whitepaper.pdf.
17. Fletcher, B. (C.), Page, N. & Pine, K. J. (2007). "A New Behavioral Intervention for Tackling Obesity: Do Something Different." *European Journal of Nutraceuticals and Functional Foods* 18: 8–9; Fletcher, B. (C.), Hanson, J., Pine, K. J. & Page, N. (2011). "FIT—Do Something Different: A New Psychological Intervention Tool for Facilitating Weight Loss." *Swiss Journal of Psychology* 70: 25–34; and Fletcher, B. (C.) & Page, N. (2008). "FIT Science for Weight Loss—A Controlled Study of the Benefits of Enhancing Behavioral Flexibility." *European Journal of Nutroceuticals & Functional Foods* 19: 20–3.
18. Fletcher, B. (C.) & Pine, K. J. (2012). *Flex: Do Something Different*. University of Hertfordshire Press: Hatfield, UK.
19. Ritter, S. M., Damian, R. I., Simonton, D. K., van Baaren, R. B., Strick, M., Derks, J. & Dijksterhuis, A. (2012). "Diversifying Experiences Enhance Cognitive Flexibility." *Journal of Experimental Social Psychology* 48: 961–4.
20. Petrusewicz, M. (2004). "Note to Entrepreneurs: Meet New People." *Stanford Report*, January 21.

21. Fisher, S. G., Macrosson, W. K. & Wong, J. (1998). "Cognitive Style and Team Role Preference." *Journal of Managerial Psychology* 13 (8): 544–57.
22. Maddux, W. M. & Galinsky, A. D. (2009). "Cultural Borders and Mental Barriers: The Relationship between Living Abroad and Creativity." *Journal of Personality and Social Psychology* 96 (5): 1047–61.
23. Virgin website (2015). "Meeting the Dice Man." October 27. https://www.virgin.com/richard-branson/meeting-the-dice-man.

⊙ 任務完成

1. Exline, J. & Hill, P. (2012). "Humility: A Consistent and Robust Predictor of Generosity." *Journal of Positive Psychology* 7 (3): 208–18. doi: 10.1080/17439760.2012.671348; Owens, B. P., Johnson, M. D. & Mitchell, T. R. (2013). "Expressed Humility in Organizations: Implications for Performance, Teams, and Leadership." *Organization Science* 24 (5): 1517–38

—— 參考書目 ——

1. Aldrin, B. & Abraham, K. (2016). *No Dream Is Too High: Life Lessons from a Man Who Walked on the Moon*. National Geographic: Washington, D.C.
2. Bostick, J. (2016). *The Kid from Golden: From the Cotton Fields of Mississippi to NASA Mission Control and Beyond*. iUniverse: Bloomington, IN.
3. Chaikin, A. (1994). *A Man on the Moon*. Penguin Books: New York.
4. De Monchaux, N. (2011). *Spacesuit: Fashioning Apollo*. MIT Press: Cambridge, MA.
5. Farmer, G. & Hamblin, D. J. (1970). *First on the Moon: A Voyage with Neil Armstrong, Michael Collins and Edwin E. Aldrin, Jr.* Little Brown: Boston, MA, USA.
6. Hadfield, C. (2015). *An Astronaut's Guide to Life on Earth*. PanMacmillan: London.
7. Hansen, J. R. (1995). *Enchanted Rendezvous: John C. Houbolt and the Genesis of the Lunar-Orbit Rendezvous Concept. Monograph in Aerospace History*, no. 4, NASA History Division.
8. Hill, P. S. (2018). *Mission Control Management: The Principles of High Performance and Perfect Decision-Making Learned from Leading at NASA*. Nicholas Brealey Publishing: Boston, MA.
9. Houston, R. & Heflin, M. (2015). *Go, Flight! The Unsung Heroes of Mission Control*. University of Nebraska Press: Lincoln, NE.
10. Kluger, J. (2017). *Apollo 8: The Thrilling Story of the First Mission to the Moon*. Henry Holt and Company: New York.
11. Kraft, C. (2001). *Flight: My Life in Mission Control*. Dutton Books: New York.
12. Kranz, G. (2009). *Failure Is Not an Option: Mission Control from Mercury to Apollo 13 and Beyond*. Simon & Schuster: New York.
13. Lunney, G. S., Bostick, J., Reed, H. D., Deiterich, C. F., Bales, S. G., Gravett, W., Kennedy, M., von Ehrenfried, M., Boone, W. J. & Stoval, W. (2012). *From the Trench of Mission Control to the Craters of the Moon*. CreateSpace Independent Publishing Platform: Scotts Valley, CA.
14. Maher, N. M. (2017). *Apollo in the Age of Aquarius*. Harvard University Press: Cambridge, MA.
15. Murray, C. A. & Cox, C. B. (1989). *Apollo: The Race to the Moon*. Simon & Schuster: New York.
16. Neufeld, M. J. (2013). *The Rocket and the Reich: Peenemunde and the Coming of the Ballistic Missile Era*. Smithsonian Books: Washington, D.C.
17. Potter, C. (2017). *The Earth Gazers*. Head of Zeus, Ltd.: London.
18. Scott, D. M. & Jurek, R. (2014). *Marketing the Moon*. MIT Press: Cambridge, MA.
19. Swanson, G., ed. (2012). *Before This Decade Is Out: Personal Reflections on the Apollo*

Program. Dover Publications: New York.
20. von Ehrenfried, M. (2016). *The Birth of NASA*. Springer: New York.
21. _____. (2018). *Apollo Mission Control: The Making of a National Historic Landmark*. Springer: New York.
22. Ward, R. (2009). *Dr. Space: The Life of Wernher von Braun*. Naval Institute Press: Annapolis, MD.

人生顧問0385

平凡人也能一步登「天」的致勝科學

作者—李察・韋斯曼（Richard Wiseman）
譯者—洪慧芳
主編—沈維君
封面暨內頁設計—江孟達
企劃—金多誠
內頁排版—立全電腦印前排版有限公司
總編輯—曾文娟
董事長—趙政岷
出版者—時報文化出版企業股份有限公司
一〇八〇三 台北市和平西路三段二四〇號七樓
發行專線—（〇二）二三〇六—六八四二
讀者服務專線—〇八〇〇—二三一—七〇五
（〇二）二三〇四—七一〇三
讀者服務傳真—（〇二）二三〇四—六八五八
郵撥—一九三四四七二四時報文化出版公司
信箱—一〇八九九臺北華江橋郵局第九十九信箱
時報悅讀網—http://www.readingtimes.com.tw
時報文化臉書—https://www.facebook.com/readingtimes.fans
法律顧問—理律法律事務所 陳長文律師、李念祖律師
印刷—盈昌印刷有限公司
初版一刷—二〇一九年十二月二十七日
定價—新台幣三八〇元
（缺頁或破損的書，請寄回更換）

時報文化出版公司成立於一九七五年，
一九九九年股票上櫃公開發行，二〇〇八年脫離中時集團非屬旺中，
以「尊重智慧與創意的文化事業」為信念。

平凡人也能一步登「天」的致勝科學 / 李察.韋斯曼(Richard Wiseman)著；洪慧芳譯. -- 初版. -- 臺北市：時報文化, 2019.12
面； 公分. -- (人生顧問；385)
譯自：Moonshot : what landing a man on the moon teaches us about collaboration, creativity, and the mind-set for success
ISBN 978-957-13-8058-2(平裝)

1.自我實現 2.成功法

177.2 108020836

ISBN 978-957-13-8058-2（平裝）
Printed in Taiwan